쉽게 풀어 쓴 과학이야기

초등학생을 위한, 너무너무 알기 쉬운 과학 상식 백과!
쉽게 풀어 쓴 과학 이야기

펴낸이/이홍식
엮은이/이재광
발행처/도서출판 지식서관
등록/1990.11.21 제96호
경기도 고양시 덕양구 벽제동 564-4
전화/031)969-9311(대)
팩시밀리/031)969-9313
e-mail/jisiksa@hanmail.net

초판 1쇄 발행일 / 2012년 5월 10일
초판 2쇄 발행일 / 2018년 1월 5일

초등학생을 위한, 너무너무 알기 쉬운 과학 상식 백과!

쉽게 풀어 쓴 과학 이야기

지식서관

이 책을 보는 여러분에게

여러분은 여러 가지 것을 보거나 듣거나 해서
"왜 저럴까?" '어째서 저렇게 되었을까?'
하고 이상하게 생각되는 일이
많이 있을 것입니다.
그런 의문을 되도록이면 폭넓게 많이 모아서
아주 쉽게 이해될 수 있도록 친절하게
대답해 주는 것이 이 책입니다.
여러분이 재미있게 읽어 가는 사이에
'과연 그렇구나!' 하고 해답을
얻게 될 것입니다.
무엇이든 모르는 것이 있으면,
그냥 내버려 두지 말고 곧 이 책을
펴서 알아봅시다.
그리고 친구들이나 주위의 사람들에게
물어 보거나 해서 다른 사람의 풀이와 이 책에서
배운 내용을 토론해 보는 것도 재미있어요.
이제부터는 틀림없이 자연 과학이 더욱
재미있어질 것입니다.

차례

❓ 지구와 하늘의 수수께끼

바다 밑은 어떻게 생겼을까요? ★ 14
바다의 깊이는 어떻게 잴까요? ★ 18
사막은 어떻게 해서 생겼을까요? ★ 22
지구는 어떻게 해서 계속 돌고 있을까요? ★ 26
지구가 도는데 왜 바닷물이 쏟아지지 않을까요? ★ 30
지구는 언제, 어떻게 해서 생겼을까요? ★ 34
지구는 어떻게 하늘에 떠 있을 수 있을까요? ★ 37
바닷물의 밀물과 썰물은 왜 생길까요? ★ 42
산은 태양과 가까운데 왜 추울까요? ★ 45
인공 위성은 어떤 것일까요? ★ 50
봄, 여름, 가을, 겨울은 어째서 있을까요? ★ 55

❓ 생활 주변의 수수께끼

말(언어)은 언제, 누가 만들었을까요? ★ 62
물 속에 있는 손이 왜 가늘게 보일까요? ★ 67
바람이 불면 전봇줄이 왜 소리를 낼까요? ★ 70
돌로 물수제비를 뜰 때 왜 가라앉지 않을까요? ★ 74
고무공은 왜 잘 튈까요? ★ 78
물이 끓으면 왜 보글보글 소리를 낼까요? ★ 81
목욕물은 왜 아래쪽이 차가울까요? ★ 84
양초는 왜 심지가 없으면 타지 않을까요? ★ 87
가스에는 왜 고약한 냄새가 날까요? ★ 90
사과는 껍질을 벗겨 놓으면 왜 빨개질까요? ★ 94
불은 물을 끼얹으면 왜 꺼질까요? ★ 97

❓ 우리 몸의 수수께끼

햇볕에 타면 왜 몸이 검어질까요? ★104
왜 녹차로 약을 먹으면 안 될까요? ★108
어두운 곳에 가면 처음에는 왜 잘 보이지 않을까요? ★112
사람은 왜 눈을 깜빡거릴까요? ★117
술을 마시면 왜 취할까요? ★121
무서우면 왜 얼굴이 파랗게 될까요? ★126
피는 왜 짠 맛이 날까요? ★129
충치는 어떻게 해서 생길까요? ★133
한쪽 눈으로는 왜 바늘에 실을 꿰지 못할까요? ★137

❓ 기계와 도구의 수수께끼

비행기는 어떻게 날 수 있을까요? ★144
자전거는 왜 넘어지지 않을까요? ★148
성냥은 왜 불이 잘 붙을까요? ★152
원자 폭탄, 수소 폭탄은 무엇일까요? ★158

❓ 새와 짐승의 수수께끼

개나 고양이도 꿈을 꿀까요? ★ 164
고양이의 수염을 자르면 쥐를 못 잡을까요? ★ 167
낙타는 등에 왜 혹이 있을까요? ★ 169
올빼미는 어떻게 밤에도 잘 볼까요? ★ 173
고양이의 눈은 왜 빛날까요? ★ 177
닭은 왜 잘 날지 못할까요? ★ 181
앵무새는 어떻게 사람 목소리를 흉내낼 수 있을까요? ★ 185

❓ 꽃과 나무의 수수께끼

설탕은 어디에서 날까요? ★ 190
석탄은 어떻게 만들어졌을까요? ★ 193
나팔꽃 덩굴은 왜 왼쪽으로 감길까요? ★ 197

❓ 곤충과 물고기의 수수께끼

올챙이의 꼬리는 어디로 갔을까요? ★ 202
청개구리가 울면 정말 비가 올까요? ★ 207
물고기의 나이를 알 수 있을까요? ★ 210
가자미는 왜 눈이 한쪽에 붙어 있을까요? ★ 214
오징어는 왜 먹물을 뿜을까요? ★ 218

지구와 하늘의 수수께끼

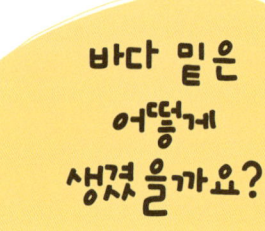

바다 밑은 어떻게 생겼을까요?

바다 밑은 어떻게 생겼을까요?

우리 나라는 삼 면이 바다로 둘러싸여 있으므로 바다를 잘 알아야 합니다.

바다에는 여러 가지가 있습니다. 동해처럼 처음에는 육지였던 곳이 움푹 가라앉아 바다가 된 곳도 있고, 태평양처럼 처음부터 바다였던 곳도 있습니다.

육지가 바다로 변한 곳의 바다 밑은 육지 모양과 비슷합니다. 따라서 산도 있고 골짜기도 있습니다.

 그런데, 아주 터무니없이 깊은 곳은 없습니다. 왜냐 하면 아주 옛날부터 높은 산이 없었기 때문입니다.

 그렇다면, 처음부터 바다였던 태평양의 바다 밑을 우리 나라에서부터 미국 쪽을 향해 더듬어 가 볼까요?

 해안선을 내려가면 비스듬한 언덕이 이어지는데, 옛날에는 육지였으므로 산도 있고 골짜기도 있습니다.

 길쭉한 일본 열도를 지나면 다시 완만한 언덕이 이어지는데, 거기를 지나면 이번에는 상당히 급한 내리막길을 만납니다.

여러 가지 물고기들은 그 완만한 언덕에서 급한 경사의 내리막길 사이에 주로 살고 있고, 아주 깊은 곳에서는 별로 살고 있지 않습니다.

그 급한 내리막길 끝에는 제주도에 있는 한라산을 다섯 개를 포개어도 흔적을 찾아볼 수 없을 만큼 깊은 도랑이 있는데, 이것이 바로 세계의 바다 가운데서 가장 깊은 곳인 '마리아나 해구' 입니다.

  그 곳은 깊기는 하지만 폭이 좁습니다. 이 곳을 뛰어넘으면 이제는 끝없이 펼쳐지는 평야입니다. 그 평야 군데군데에는 높은 산이 솟아 있습니다.

  그 중에 아주 높은 것들은 봉우리가 바다 위로 얼굴을 내밀어 섬이 되어 있습니다. 그러니까 섬은 바다에서 가장 높은 산이라고 생각하면 되겠지요.

바다의 깊이는 어떻게 잴까요?

바다의 깊이는 어떻게 잴까요?
여름 방학 때 해수욕을 가 보았지요?
모래 사장을 지나 바다 속으로 들어가 보면 점점 깊어진다는 것을 알 수 있습니다. 더욱 깊이 들어가 보면 과연 얼마나 깊은지 그냥은 알 수가 없습니다.
얕은 바다나 강의 깊이는 간단한 방법으로 알 수가 있습니다. 배 위에서 무거운 것을 매단 기다란 줄을 내려 보낸 다음 그 줄의 길이를 재면 됩니다.

 그런데 훨씬 더 먼 깊은 바다 쪽은 어떻게 알 수 있을까요? 너무 깊기 때문에 줄 가지고는 바다의 깊이를 잴 수가 없습니다.

 그러므로, 다른 방법으로 조사하지 않으면 안 됩니다.

 여러분은 산울림을 알고 있지요? 고함친 소

리가 건너편 산에 부딪쳐서 되돌아오는 것이 산울림이지요.

 그러므로, 산이 멀리 있으면 산울림이 들려오는 데 긴 시간이 걸리게 됩니다.

 반대로, 가까이 있으면 금방 소리가 되돌아오지요.

 바다의 깊이를 재는 데는 바다 속에서 울림을 이용합니다. 배 밑바닥에서 소리를 내어 바다 밑바닥에 부딪쳐 돌아오는 울림을 기계를 이용하여 듣는 것입니다.

울림이 되돌아오는 시간이 길면 길수록 바다 밑은 깊습니다.

이렇게 해서 전세계에 있는 바다 밑을 조사했는데, 가장 깊은 바다는 필리핀 옆에 있다는 것을 알았습니다.

그 깊이는 제주도에 있는 한라산을 다섯 개나 포개어도 모자라는 깊이랍니다.

사막은 어떻게 해서 생겼을까요?

사막은 어떻게 해서 생겼을까요?

사막이라고 하면 제일 먼저 생각나는 것은 낙타이지요. 이 낙타가 많이 살고 있는 사막이란 과연 어떤 곳일까요?

사막은, 비가 잘 내리지 않아 식물이 거의 자라지 못하는 자갈과 모래로 뒤덮인 땅을 말합니다.

만약 우리가 살고 있는 곳에서 몇 년 동안이나 비가 한 방울도 내리지 않는다면 어떻게 될까요?

 눈이나 밭은 바싹 말라 버리고, 강에는 물도 흐르지 않을 것입니다.

 우물의 물도 말라 버립니다.

 산의 나무도, 들의 풀도, 모든 곡식도 모두 말라 버릴 것입니다.

물기가 없기 때문에 바람이 불 때마다 논밭의 흙이나 들판과 산의 흙도 모두 먼지가 되어 날아올라서 어디론지 날아가 버립니다.

마지막에는 남아 있던 흙이 모두 다른 곳으로

가 버려, 땅 밑에 있던 바위가 얼굴을 내밉니다
 이렇게 되면, 이제 사람은 살고 있을 수 없습니다. 모두가 다른 곳으로 이사를 가 버리겠지요. 사막이란 바로 이런 곳이라고 생각하면 되겠습니다.
 하지만, 진짜 사막은 바위투성이가 아니고 아득하게 펼쳐지는 모래 벌판입니다.
 태양이 끊임없이 쨍쨍 내리쬐고, 또한 오랜 세월이 흐르면, 바위가 부서져서 모래가 되기 때문입니다.

지구는 어떻게 해서 계속 돌고 있을까요?

지구는 어떻게 해서 계속 돌고 있을까요?

여러분은 집에 지구본을 가지고 있지요? 지구본을 힘차게 빙글빙글 돌려 보세요. 지구본은 언제까지 돌 수 있을까요? 얼마 돌지 않고 멈춰 버릴 것입니다.

그렇다면 이번에는 자전거로 실험을 해 봅시다. 뒷바퀴를 잘 돌 수 있게 받쳐 놓고 힘차게 돌려 보세요. 지구본보다는 잘 돌아갈 것입니다.

그러나, 그것도 점점 느려져서 마침내는 멈추어 서 버립니다.

진짜 지구는 몇십억 년 동안이나 쉬지 않고 한결같이 돌고 있는데, 왜 다른 것들은 곧 멈추어 버릴까요, 이상하지 않습니까?

우리들이 알고 있는 것 중에는 잘 돌아가는 것이 여러 가지 있습니다. 그러나 그 어느 것이나 끝내는 멈추고 맙니다.

그런데도, 지구가 언제

까지나 계속해서 도는 것은 어째서일까요?

첫째로 지구는 회전축(굴대)이 없습니다. 회전축에는 도는 것을 멈추게 하는 힘이 있답니다.

그런데, 회전축이 없는 축구공은 조금 굴러가다가 곧 멈추어 버렸습니다. 그것은 어떻게 된 것일까요?

공은 무엇인가에 닿으면서 구르게 되지요. 그 닿은 것이 공을 멈추게 한 것입니다.

지구에는 회전축이 없습니다. 게다가 무엇에나 닿는 것도 없습니다. 아무것도 방해하는 것

이 없으므로, 지구는 언제까지나 계속 돌 수 있는 것입니다.

지구처럼 도는 것은 또 있습니다.

태양을 비롯하여 달, 화성, 금성, 북극성, 그리고 그 밖의 별들도 모두 지구처럼 돌고 있는 것입니다.

지구가 도는데 왜 바닷물이 쏟아지지 않을까요?

지구가 도는데도 왜 바닷물은 쏟아지지 않을까요?

우리가 살고 있으며, 언제까지나 쉬지 않고 돌아가고 있는 지구에는 강과 바다에 물이 많이 있습니다.

위쪽에 있을 때는 괜찮겠지만, 아래쪽이나 옆쪽에 있을 때의 물은 왜 쏟아지지 않을까요? 이상하지요?

집에 있는 지구본의 바다에 물을 담을 수 있

을까요?

　아무도 그런 일은 생각도 못하겠지요.

　왜 지구본의 바다에 물이 담기지 않을까요?

　지구본에는 물을 끌어당겨 놓을 힘이 없습니다.

　그러나 진짜 지구에는 물을 끌어당기는 힘이 있습니다. 그래서 물은 지구에 완전히 끌어당겨져 있는 것입니다.

　지구는 물뿐만 아니라 사람 · 돌 · 흙 등 모든 것을 끌어당깁니다.

　사과나무의 사과가 땅 위로 떨어지는 것도 지구가 끌어당기기 때문입니다. 이것을 만유인력이라고 합니다.

　사과나무에 달린 사과가 하늘로 날아가지 않고 땅으로만 떨어지는 것에 의문을 가진 뉴턴이 발견했지요.

 지구는 자석이 쇠붙이를 끌어당기는 것처럼, 지구 위에 있는 것은 아무것이나 끌어당깁니다.

 그래서, 바닷물도 지구 표면에 빨려들어, 어디로도 흘러나가지 않는 것입니다.

 아직까지 이런 일은 없었지만, 만약 지구보다 끌어당기는 힘이 강한 별이 지구 가까이 다가오게 되면, 물뿐만 아니라 사람·돌·흙 등 모든 것이 끌려가 버리겠죠.

 그런 일만 일어나지 않는다면, 언제까지나 바닷물이 쏟아지는 일은 없을 것입니다.

지구는 언제, 어떻게 해서 생겼을까요?

  지구는 언제, 어떻게 해서 생겼을까요?
  아득한 옛날인 약 50억 년 전에 이 세상에는 지금처럼 지구도 달도 태양도 없었습니다. 다만 우주에는 가스나 먼지가 큰 소용돌이를 치고 있었을 뿐입니다.
  가스나 먼지에는 인력(끌어당기는 힘)이 있습니다. 그 인력 때문에 가스나 먼지는 여기저기에 덩어리가 되어 많이 생겼습니다.
  그 덩어리는 주위에 있는 가스나 먼지를 다시

흡수해서 점점 더 커졌습니다.

그렇게 해서 그것들은 마침내 하나하나의 천체가 되었습니다.

소용돌이의 중심에서 생긴 천체는 태양입니다. 그리고 그 주변에 혹성이 생겼습니다.

지구 옆에 생긴 작은 천체가 지구의 인력에 끌려 지구 둘레를 돌기 시작했는데, 이것이 달입니다.

이렇게 해서 태양·수성·금성·지구·화

성·목성·토성·천왕성·해왕성·명왕성(태양에서 가까운 순서대로입니다) 따위의 혹성과 달이 생긴 것은 지금으로부터 약 45억 년 전입니다.

 태양은 엄청나게 크고 중심의 압력이 강하기 때문에, 수소 폭탄과 마찬가지 이치로, 수소 가스가 타면서 빛을 내기 시작했습니다.

 지구는 태양이 폭발할 때 생긴 조각이 식어서 굳어진 천체라고 생각된 적도 있었지만, 현재는 그런 설은 없어져 버렸습니다.

지구는 어떻게 하늘에 떠 있을 수 있을까요?

 지구는 어떻게 하늘에 떠 있을 수 있을까요?
 뭉개구름이 하늘에 두둥실 떠 있습니다. 그 하늘에 비행기가 뭉개구름 옆으로 날아가고 있습니다.
 바다에는 배가 떠 있습니다.
 그런데, 지구가 하늘에 떠 있는 까닭은 이 가운데 어느 것에 해당될까요?
 구름이 하늘에 뜨는 것은 위로 부는 바람에 떠받쳐 있거나, 아니면 너무 느리게 떨어지니까, 떠 있는 것처럼 보이는 것입니다.

하지만, 지구는 바람에 떠받쳐 있다고는 생각할 수 없습니다. 따라서 지구가 떠 있는 까닭은 아무래도 구름이 떠 있는 까닭과는 다른 것 같군요.

배가 바다에 뜨는 것은 바다의 물이 배를 떠받치고 있기 때문입니다. 바닷물보다 배가 가볍기 때문이라고 생각해도 좋습니다.

하지만, 지구는 물과 관계가 없습니다. 따라서 지구가 떠 있는 까닭은 배가 떠 있는 까닭과도 다릅니다.

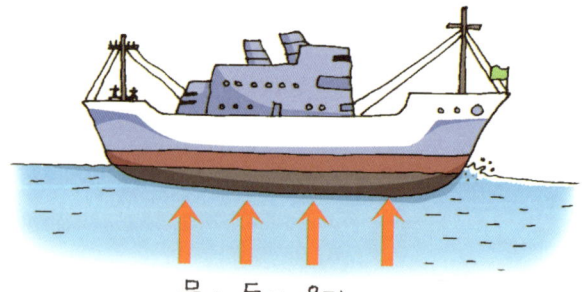

물이 들어 올린다

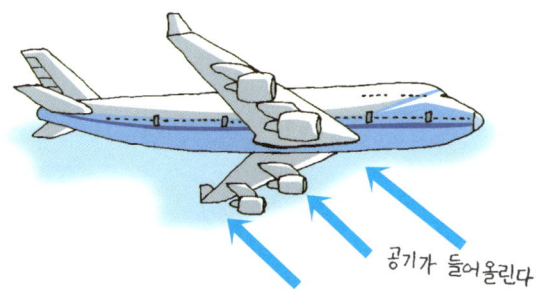
공기가 들어올린다

 비행기가 하늘에 뜨는 이유는, 굉장히 빠른 속도로 공기 속을 달리면서, 공기의 힘을 빌려 떠 있는 것입니다.
 지구는 공기에 부딪치면서 달리는 것도 아니고, 더군다나 날개도 갖고 있지 않습니다. 그러므로 지구가 떠 있는 까닭은 비행기가 뜨는 까닭과도 다릅니다.
 구름이나 비행기는 공기가 없으면 곧바로 땅에 떨어지고 맙니다.
 그리고 배는 물이 없으면 바다 밑에 주저앉고 말겠지요.
 그렇다면 지구는 어째서 그렇게 하늘에 떠 있

을 수 있을까요?

그것은 지구의 인력 때문입니다.

바람이 들어 올린다

지구가 끌어당기니까, 공기가 떠받쳐 주거나 물이 떠받쳐 주거나 하지 않으면, 모두 아래로 떨어지게 되지요.

이처럼 지구는 태양 쪽으로 끌려가지는 않습니다. 왜냐 하면, 지구는 태양 둘레를 굉장한 속도로 빙빙 돌고 있기 때문입니다.

그렇다면, 지구가 태양 둘레를 빨리 도는데 어째서 태양 쪽으로 끌려가지 않을까요?

여러분은 기다란 끈 끝에 돌맹이를 매달고 돌려 본 적이 있습니까? 그 때에는 돌맹이가 지구이고 손이 태양인 셈입니다.

돌맹이의 속도를 빠르게 해서 돌리면, 공중을 빙글빙글 돌고 있어 손 쪽으로 떨어지지 않지요.

지구가 하늘에 떠 있는 것은 이와 똑같은 이

치입니다.

  태양과 지구 사이에는 끈 같은 것으로 연결되어 있지는 않습니다.

  그러나, 태양은 자석과 같은 보이지 않는 힘으로 언제나 지구를 끌어당기고 있으므로, 그 힘이 끈과 같은 역할을 하는 것입니다.

  지구를 도는 달도 이와 같은 이치로 하늘에 떠 있을 수 있답니다.

바닷물의 밀물과 썰물은 왜 생길까요?

바닷물의 밀물과 썰물은 왜 생길까요?

여러분은 서해 바닷가에 가 본 적이 있습니까? 서해 바다는 바다 밑의 경사가 완만하여, 썰물 때 물이 빠지면 아주 넓은 갯벌이 생기게 됩니다.

그 곳에서는 조개나 굴·게 들이 살고 있어서, 썰물 때가 되면 조개를 잡으러 사람들이 많이 옵니다.

그러다가 밀물 때가 되면, 언제 갯벌이 있었

느냐는 듯이 물이 가득 차 있게 됩니다.

 이처럼 바닷물은 하루에 두 번씩 깊어졌다 얕아졌다 합니다. 하지만, 그렇다고 바닷물이 불었다 줄었다 하는 것은 아닙니다. 같은 물이 이쪽으로 왔다, 저 쪽으로 갔다 하는 것뿐입니다.

 참 이상하지요? 우리가 사는 지구에는 이상한 것이 참으로 많습니다.

 그것은 달이 바닷물을 끌어당기기 때문입니

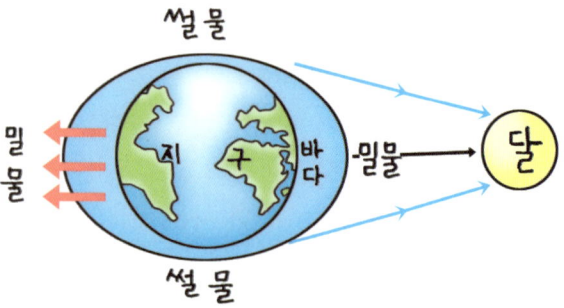

다. 바닷물은 달의 인력에 끌려, 달이 있는 쪽으로 몰립니다. 그렇게 몰렸을 때가 밀물이 되는 것입니다.

반대로, 바닷물이 딴 곳으로 몰려 갔을 때는 썰물이 되는 것이지요.

달은 지구 둘레를 빙글빙글 돌고 있지만, 지구 스스로도 빙글빙글 돌고 있습니다. 그래서 달 반대쪽에 있는 바닷물도 덩달아서 밀물이 된답니다.

산은 태양과 가까운데 왜 추울까요?

산은 태양과 가까운데 왜 추울까요?

겨울에 아버지와 등산을 가 보았습니까? 아래쪽에 있을 때는 그다지 추운 줄을 몰랐는데, 높은 산 위로 올라갈수록 점점 추워진다는 것을 느꼈을 것입니다.

높은 산은 분명히 뜨거운 태양에 가깝지요? 하지만 태양에 가깝다고 반드시 따뜻한 것은 아닙니다.

예를 들면, 여름철은 겨울철보다도 태양이 멀

리 있는데, 여름은 겨울보다 따뜻하기 때문입니다.

덥고 추운 것은 공기의 온도로 결정됩니다. 지구는 공기라는 옷을 입고 있습니다.

태양의 열은 빛과 마찬가지로, 공기의 옷을 그냥 지나서 땅 위만을 따뜻하게 합니다.

그러면 그 열은 땅 위 근처의 공기에 전해집니다.

따뜻해진 공기는 우선 아래 쪽부터 영향을 주기 때문에 아래 쪽이 따뜻한 것입니다.

위 쪽이 차가운 것은, 따뜻해진 공기가 위로

올라가는 도중에, 주위의 차가운 공기 때문에 더 이상 올라가지 못하고 다시 땅 쪽으로 내려가기 때문입니다.

지구의 낮은 곳이 따뜻하고 높은 곳이 추운 것은 그것뿐만이 아니라, 또 한 가지 까닭이 있습니다.

공기는 압축되면 따뜻해지고, 반대로 엷어지면 차가워집니다.

지구가 입고 있는 공기의 옷은 땅 가까이는 무겁고 두껍지만, 높은 곳으로 올라갈수록 엷어집니다. 그러므로 위로 올라갈수록 추운 것입니다.

그리고 밑으로 내려오는 공기는 자꾸만 압축되어 짙어지므로 따뜻합니다.

이와 같은 두 가지 작용으로 공기의 온도는 가장 낮은 땅 근처가 제일 높고, 산 위 같은 곳은 낮습니다.

인공 위성은 어떤 것일까요?

인공 위성은 어떤 것일까요?

지구는 팽이처럼 빙글빙글 돌면서 태양 주위를 돌고 있습니다. 그리고 그 지구 주위를 또 달이 돌고 있습니다.

지구나 화성, 금성처럼 태양 둘레를 도는 천체를 혹성이라 하고, 혹성의 주위를 도는 달과 같은 천체를 위성이라고 합니다.

지구의 위성은 하나밖에 없지만, 화성은 위성을 두 개나 거느리고 있으며, 토성처럼 열 개

이상을 거느린 혹성도 있습니다.

  우리가 살고 있는 지구를 돌고 있는 단 하나의 위성인 달은 저절로 생긴 위성이지만, 인간의 힘으로 위성을 만들어 지구 둘레를 돌게 할 수도 있습니다.

  그것을 인공 위성이라고 합니다.

  인공 위성을 지구 주위에 돌게 하기 위해서는 어떻게 해야 할까요? 그 일은 굉장히 어렵고 힘든 일입니다.

지구에는 땅 쪽으로 끌어당기는 인력이 있는데, 바로 이 지구의 인력보다 센 힘으로 하늘에 물체를 쏘아올리면 되는 것입니다.

인공 위성은 사람이 만든 달이라고 생각하면 됩니다.

그렇다면 하늘에 또 하나의 달이 생긴 것입니다. 하지만 우리 눈으로는 볼 수 없습니다.

인공 위성은 아직 매우 작아서, 달보다도 더 가까운 곳에 있지만 천체 망원경으로도 잘 보이지 않습니다.

최초의 인공 위성은 1957년 10월에 구소련에서 쏘아올린 스푸트니크 1호이며, 현재 지구 주위에는 1천여 개의 인공 위성이 지구 주위를 돌고 있답니다.

여러분은 우리 나라의 인공 위성인 우리별 1, 2호와 무궁화 위성을 알고 있습니까?

　우리 나라는 세계에서 22번째의 위성 보유국입니다.

　인공 위성은 지구에 있는 사람들에게 아주 높은 하늘의 온도나 빛 따위를 조사하면서, 여러

가지 정보를 알려 주기 위해 지구 주위를 돌고 있답니다.
  앞으로 우주 여행을 하기 위해서는 아주 큰 인공 위성을 만들어 쏘아 올려서 그것을 하늘의 정거장, 즉 '우주 정거장'으로 사용할 계획도 가지고 있습니다.

봄, 여름, 가을, 겨울은 어째서 있을까요?

  봄, 여름, 가을, 겨울은 어째서 있을까요?
  만약에 아침부터 밤 사이에 사철인 봄, 여름, 가을, 겨울이 있다면 이상하겠지요?
  하지만 하루 동안에 그런 날씨의 변화를 느낄 때도 있습니다.
  아주 무더운 여름날이라도, 새벽녘에는 가을처럼 서늘합니다.
  또한 몹시 추운 겨울도 날씨가 좋은 날, 한낮에 봄처럼 따뜻합니다.

만일 하루를 춘하추동 사철로 나눈다면, 새벽녘이 겨울이고, 10시경까지가 봄, 3시경까지가 여름, 그 이후에는 가을이라고 생각하면 되겠지요.
 하루 동안에 어째서 온도가 이렇게 변하는지 여러분은 알고 있습니까?

아침의 태양은 낮은 곳에 있지요? 한낮의 태양은 높은 곳에 있습니다.

태양이 낮은 곳에 있게 되면, 햇빛이 비스듬하게 쬐이기 때문에 온도는 그다지 올라가지 않습니다.

태양이 높은 곳에 있으면, 태양이 바로 위에서 쬐기 때문에 더워지는 것입니다.

이처럼 하루 동안에 온도가 바뀌는 것은 태양이 낮은 곳에 있거나 높은 곳에 있거나 하기 때문입니다.
 춘하추동의 사철이 생기는 까닭도 이와 마찬가지입니다.

　겨울철의 태양은 한낮에도 낮은 곳에서 비스듬하게 비추고 있습니다.
　여름철의 태양은 한낮에는 바로 머리 위에 있습니다.
　봄철과 가을철의 태양은 그 중간쯤에 있는 것이죠.

생활 주변의 수수께끼

말(언어)은 언제, 누가 만들었을까요?

말(언어)은 언제, 누가 만들었을까요?

말은 우리 인간밖에 하지 못합니다. 다른 동물도 할 수 있다고요? 그것은 말이 아닙니다, 다만 신호일 뿐입니다.

동물 가운데 가장 영리하고 인간과 비슷한 것은 원숭이지요. 그러면, 인간과 원숭이는 무엇이 가장 다르다고 생각합니까?

원숭이는 온 몸에 털이 나 있고, 엉덩이가 빨갛지만, 인간은 그렇지 않지요? 하지만 그런 것

따위는 커다란 차이가 아닙니다.

　인간은 불을 사용하는 데 비해, 원숭이는 불을 사용할 줄 모릅니다. 또, 인간은 말을 가지고 있는데, 원숭이에게는 말이 없습니다.

　이 두 가지가 인간과 원숭이의 가장 큰 차이점입니다.

　여러분은 학교에서 있었던 재미있는 이야기들을 어머니께 말하지요? 하지만 원숭이는 그럴 수 없습니다.

　여러분은 어른들이 여러 가지 말씀을 하면,

그것을 듣고 어떤 생각을 하게 되지요? 하지만 원숭이는 그렇지 못합니다.

말이 없으면 이야기를 할 수 없습니다. 말이 없으면 어떤 생각도 제대로 할 수 없습니다.

인간은 원숭이와 같은 동물이 진화한 것이라고 어떤 학자는 말하는데, 만약 그렇다고 한다면, 불을 사용하고 말을 만들었을 때 원숭이에서 인간으로 바뀌었다고 할 수 있겠군요.

그것은 지금으로부터 몇백만 년이나 전인 아득한 옛날 이야기입니다. 누가 제일 먼저 말을 만들었는지는 도저히 알 수 없습니다.

 다만, 그 이후에 오랜 세월에 걸쳐서 많은 사람들이 연구해서, 지금과 같은 편리한 말로 완성한 것입니다.

 원숭이와 같은 동물은 아마도 동료를 부를 때의 목소리와, 화를 낼 때의 목소리가 다른 것으로 알아들을 정도겠지요.

 만약 우리 인간이 진화를 했다고 한다면, 그런 목소리를 차츰차츰 연구해 오는 사이에 인간은 말을 만들어 내었다고 할 수 있겠지요.

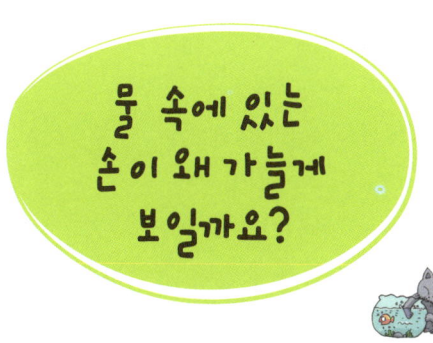

   물 속에 있는 손이 왜 가늘게 보일까요?

   여름에 강가에 놀러 갔을 때, 맑고 깨끗한 물 속에 손을 넣어 본 적이 있나요?

   또는 목욕탕에 들어갔을 때 손의 모습을 자세히 살펴보세요. 손이 어떻게 보입니까?

   이상하지요? 손가락은 물론 팔까지도 홀쭉하게 보여 내 것이 아니고 남의 것 같지요?

   다른 방향으로 손을 움직여 보면, 이번에는 손 모양이 이상하게 퍼지고 손가락이 굵고 짧게 보일 것입니다.

왜 그렇게 보일까요?

물 속에서는 어떤 물체라도, 실제보다도 훨씬 얕은 곳에 있는 것처럼 보이므로 이런 재미있는 현상이 일어나는 것입니다.

그럼, 물 속의 것이 얕아 보이는 것은 어째서일까요?

이것은 제법 어려운 문제입니다. 한번 알아볼

까요?

 이것은 바로 빛의 장난입니다. 물 속에 있는 물체가 우리 눈에 들어오기 위해서는 공기 속을 지나와야 됩니다. 그럴 때 빛은 구부러져 버립니다.

 이런 현상을 빛의 굴절이라고 하지요.

 빛이 똑바로 오지 않으면 아무래도 물체의 모양이 비뚤어져 보이는데, 이것도 빛의 굴절 때문입니다.

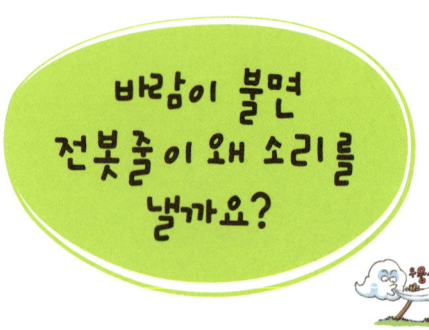

바람이 불면 전봇줄이 왜 소리를 낼까요?

여러분은 태풍이나 폭풍으로 인하여 바람이 심하게 불 때에 전봇줄(전선)이 웅웅거리는 이상한 소리를 들어 보았나요?

작은 바람에는 잘 느끼지 못하니까, 바람이 심하게 불 때 자세히 들어 보세요.

가느다란 긴 막대기를 들고 뱅뱅 돌려 보세요. 그 때에도 '윙윙' 하고 울리는 소리가 납니다. 이것은 막대기가 떨렸기 때문입니다.

혹시, 막대기가 떨리는 것을 느끼지 못했다면 몇 번이고 다시 실험해 보세요.

막대기를 힘차게 휘두르면 공기가 힘차게 부딪칩니다. 그리고, 막대기의 위에는 눈에는 보이지 않지만 공기의 조그마한 소용돌이가 줄지어 생깁니다.

이 소용돌이 때문에 공기가 떨리므로 '윙윙' 하고 소리가 나는 것입니다.

바람이 불면 전선이 기분좋은 듯이 웅웅거리지요. 이 소리는 전기의 힘으로 나는 것이 아닙니다. 왜냐 하면, 정전이 되었을 때에도 소리가 나기 때문입니다.

그 이유는 막대기의 경우처럼, 바람에 의해 공기의 소용돌이가 줄지어 생겼기 때문입니다.

바람이 세면 공기의 소용돌이가 잘게 만들어지므로 '피웅' 하고 높은 소리를 내고, 바람이 약하면 소용돌이가 드문드문 줄지어 생겨, '부릉부릉' 하고 낮은 소리를 냅니다.

돌로 물수제비를 뜰 때 왜 가라앉지 않을까요?

　돌로 물수제비를 뜰 때 왜 가라앉지 않을까요?
　여러분은 친구들이나 가족들과 강가에 가서 '물수제비뜨기'를 해 본 적이 있습니까?
　'물수제비뜨기'를 잘 하려면, 납작하고 둥근 돌로 물 위를 담방담방 튀어 가게 해야 합니다.
　그렇지만 물에서 돌이 퉁긴다고 하니 이상하지 않습니까?
　그런 일이 '물수제비뜨기'가 아니어도 가능

한지 실험해 봅시다.

 목욕탕에 들어갔을 때, 물 위를 손바닥으로 힘껏 내리쳐 보세요. 주위에 다른 사람이 없을 때, 눈을 감고 해야 합니다.

 목욕물이 마치 탁자나 책상처럼 딱딱한 느낌이 들지 않던가요?

 만일 딱딱한 느낌을 받지 못했다면, 다시 한 번 용기를 내어 이번에는 더욱 힘껏 내리쳐 보세요.

손은 위로 퉁겨오르지는 않더라도, 물 속으로 쑥 들어가지는 않습니다. 따뜻한 물이나 차가운 물이나 모두 마찬가지입니다.

 힘차게 부딪치면, 물은 탁자나 책상처럼 물건을 퉁겨 냅니다.

 '물수제비뜨기'의 이치도 마찬가지입니다. '물수제비뜨기'를 할 때는, 아무리 납작한 돌이라도 힘차게 던지지 않으면 잘 되지 않지요.

 그 대신 잘 던졌을 때에는 마치 얼음 위에다 던진 것처럼, 돌은 재미있게 여러 번 퉁겨 나갑니다.

고무공은 왜 잘 튈까요?

여러분은 어떤 구기(공을 사용하는 운동 경기) 종목을 좋아합니까? 우리가 좋아하는 농구 시합에서 사용하는 농구공은 매우 잘 튑니다.

농구공은 고무로 만들었습니다. 이 공은 힘센 사람이 세게 누르면 조금 찌그러지지요. 그러나 손을 놓으면 다시 본래의 모양으로 되돌아갑니다.

고무공은 무엇에 부딪치면 조금 찌그

러집니다. 하지만 무엇으로 계속 누르고 있지 않는 한 고무공은 원래의 둥근 모양으로 되돌아갑니다.

고무공이 튀기는 것은, 원래의 모양으로 되돌아가려는 힘이 있기 때문입니다.

고무공을 아주 세게 내려치면, 그만큼 더욱 세게 튀어오르지요. 그것은 너무 많이 찌그러져서, 원래의 상태로 되돌아가려는 힘이 세기 때문입니다.

그러나, 찌그러진 고무공이 원래의 상태로 돌아가는 것은 고무의 작용이 아니고, 공 안에 있

는 공기의 작용 입니다.

고무공의 내부

공기

　고무공이 찌그러지면, 공 안의 공기가 압축됩니다.

　압축된 공기는 눌려 있는 용수철처럼, 원래의 상태로 되돌아가려고 합니다.

　그래서 공기가 다시 부풀어서, 고무공을 본래의 모양으로 되돌려 놓는 것입니다. 고무공은 그저 공기를 넣은 주머니일 뿐입니다.

물이 끓으면 왜 보글보글 소리를 낼까요?

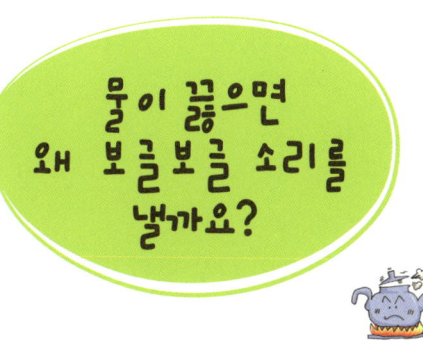

물이 끓으면 왜 보글보글 소리를 낼까요?

어머니가 부엌에서 찌개를 만들고 계십니다. 잠시 후 아주 맛있는 냄새와 함께 보글보글 끓는 소리가 납니다.

물이 끓을 때, 끓은 물 속을 들여다본 적이 있습니까? 셀 수 없을 만큼 많은 물거품이 끓는 물 속에서 잇달아 올라옵니다.

소리를 내는 것은 바로 그 물거품입니다. 물거품은 바깥까지 나오지 않습니다.

물 속에서 나오면 곧바로 사라져 버립니다.
 빨대로 컵에 담긴 물에 공기를 불어넣어 본 적이 있나요?
 역시 많은 물거품이 올라와서는 물 밖으로 나오자마자 사라져 버리지요.
 그런 경우는 물이 끓을 때와 비슷합니다.
 컵에서 나는 '뽀글뽀글' 소리와, 끓는 물 소

리인 '부글부글' 소리는 모두 거품이 공기가 있는 곳으로 나올 때 터지는 소리입니다.

소리를 크게 내고 싶으면 아주 세게 바람을 불면 됩니다.

부글거리는 소리의 크기는 거품의 크기에 따라 다릅니다. 거품이 크면 소리도 크게 들리고, 거품이 작으면 소리도 작게 들립니다.

목욕물은 왜 아래쪽이 차가울까요?

목욕물은 왜 아래쪽이 차가울까요?

목욕탕에 갔을 때, 위쪽의 물은 뜨거운데 아래쪽은 차가울 때가 있는 경우를 경험해 본 적이 있습니까? 왜 그럴까요?

이럴 때는 아래위의 물을 잘 휘저어서 섞으면 곧 비슷해집니다.

보통 뜨거운 목욕물은 위에서 공급하는데, 뜨거운 물은 차가운 물보다 가볍기 때문에 위로 올라가고, 차가운 물은 밑으로 가라앉습니다.

　석유와 물을 섞어서 병에 넣어 본 적이 있습니까? 딴 기름이나 물을 섞어도 마찬가지입니다.
　이럴 때, 물이 밑으로 가라앉고 석유나 기름이 위로 뜬다는 것은 알고 있겠지요? 물은 기름보다 무거우니까 밑으로 내려가는 것입니다.
　무거운 것이 밑으로 가고 가벼운 것이 위로 뜨는 것은 당연한 일입니다. 물도 마찬가지로, 차가운 물은 뜨거운 물보다 무겁기 때문에 아

래로 가라앉는 것입니다.

아주 옛날에는 목욕탕 물을 아궁이에 직접 걸어 놓고 불을 때는 방식도 있었습니다.

이런 목욕탕이라면, 밑에서 불을 피워 물을 데우므로, 위는 뜨겁고 아래는 차가운 일은 없습니다.

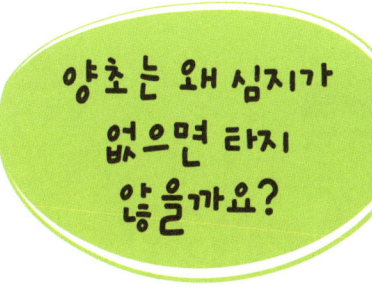

양초는 왜 심지가 없으면 타지 않을까요?

생일날에는 케이크 위에 나이만큼의 예쁜 양초를 꽂아 놓고 불을 붙이지요?

이런 불을 붙이는 양초는 여러 모양의 것이 있습니다. 자세히 보면 양초의 한가운데에는 모두 심지가 있다는 것을 알 수 있습니다.

그런데, 그 심지를 뽑아 버리면 아무리 양초에 불을 붙이려 해도 불이 붙지 않습니다. 양초 스스로는 타지 못하는 것인가요?

 그렇습니다. 만일, 양초가 타는 것이라면 심지를 넣지 않아도 불이 붙을 것입니다.
 숯은 심지 같은 것이 없어도 잘 탑니다. 그 때의 숯은 새빨갛게 되지요. 양초도 타는 것이라면 빨갛게 되어야 할 것입니다. 하지만 양초가 빨갛게 된 것을 본 사람은 아마 없을 테지요.
 양초는 역시 스스로는 절대 타지 않습니다. 양초가 타는 것은 양초가 녹아서 생긴 증기가 타는 것입니다.

양초에 불을 붙일 때는, 양초 몸체에 불을 붙이는 것이 아니라 심지에 불을 붙입니다.

심지는 무명실을 꼬아 만든 것이므로 금방 타기 시작합니다. 그러면 심지가 뜨거워지겠지요. 그래서 심지 근처의 양초가 녹아서, 심지를 따라 위로 올라갑니다.

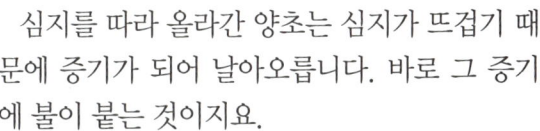

심지를 따라 올라간 양초는 심지가 뜨겁기 때문에 증기가 되어 날아오릅니다. 바로 그 증기에 불이 붙는 것이지요.

따라서, 양초의 불꽃 모양은 양초가 녹아서 생긴 증기가 불타고 있는 모양이라고 볼 수 있습니다.

가스에는 왜 고약한 냄새가 날까요?

가스에는 왜 고약한 냄새가 날까요?

우리 생활에서 가스는 없어서는 안 되는 유익한 것입니다. 그러나 잘 사용해야 합니다. 취급을 잘못하면 폭발할 위험이 있기 때문입니다.

가스가 새면 고약한 냄새가 풍깁니다. 하지만 그 냄새가 없으면 큰일입니다. 가스가 새어나와도 모르기 때문이지요.

가스엔 굉장한 독이 있어서 많이 마시면 죽게 됩니다.

 그뿐만 아니라, 공기보다 무겁기 때문에, 가스가 새어나오면 멀리 가지 않고 한곳에 모여 있다가 불을 만나면 폭발합니다.
 가스가 많이 새어나왔다면, 얼른 창문을 열고 부채 같은 것으로 부쳐서 바깥으로 내보내야 합니다.
 잠깐! 환기를 하려고 선풍기를 틀면 안 됩니

다. 전기 스파크가 일어나서 불이 붙게 되어요!

여러분은 가스를 무엇으로 만드는지 알고 있습니까?

가스의 가장 중요한 원료는 석탄입니다. 석탄을 가열하면 석탄 가스가 만들어집니다.

석탄에는 여러 가지 물질이 섞여 있습니다. 그래서 가스 안에 고약한 냄새가 섞여 들어가는 것이지요.

  연료로 사용하는 가스는 석유로도 만들 수 있습니다. 또, 자연적으로 땅 속에서 솟아나오는 경우도 있습니다.

  그러한 가스는 석탄 가스만큼 심한 냄새가 나지 않습니다. 그래서 가스가 새어나올 때 곧바로 알 수 있도록 고약한 냄새가 나는 가스를 섞는 경우도 있답니다.

사과는 껍질을 벗겨 놓으면 왜 빨개질까요?

 사과는 껍질을 벗겨 놓으면 왜 빨개질까요?
 손님이 오셔서 누나가 예쁘게 사과를 깎아 놓았는데, 잠시 후에 보니까 빨갛게 변해 있었습니다. 왜 그렇게 되었을까요?
 우리들의 얼굴은 빨개져도 다시 본래의 색으로 되돌아가지만, 껍질을 벗긴 빨개진 사과는 본래의 색으로 되돌아가지 않습니다.
 그러고 보니 빨갛게 녹이 슨, 철로 만든 쇠못도 본래의 색으로 돌아가지 않는군요.

쇠못이 녹슬 때, 쇠못의 철은 공기 속의 산소와 결합합니다. 철과 산소가 손을 맞잡은 것이 바로 그 붉은 녹입니다.

사과의 속살이 빨개질 때도 공기 속의 산소와 결합합니다. 산소와 손을 맞잡으면 사과의 속살은 빨개지는 것입니다.

철로 된 쇠못은 기름을 칠해 두면 녹이 슬지 않습니다. 기름은 철과 산소가 친해지려는 것을 방해합니다.

그렇다고 먹는 사과에 기름칠을 하면 먹을 수가 없겠지요. 과연 어떻게 하면 빨개지는 것을

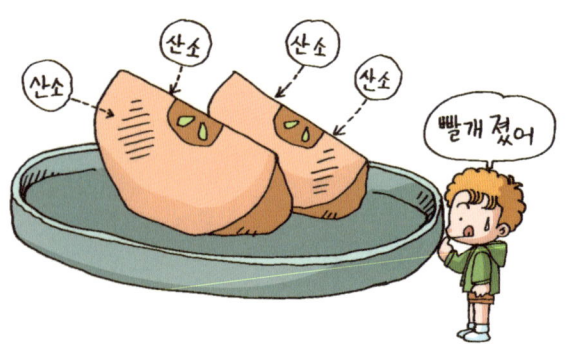

막을 수가 있을까요?

 사과는 껍질을 깎은 후, 곧바로 소금물에 담갔다가 꺼내면 빨개지지 않습니다. 소금은 사과의 속살이 산소와 손을 잡는 것을 방해하기 때문입니다.

 소금과는 반대로, 사과의 속살이 산소와 결합하는 것을 도와 주는 것도 있습니다. 그것은 철의 녹입니다.

 그러므로, 철로 된 과일 깎는 칼이나 식칼로 껍질을 깎은 사과는 더욱 빨개지는 것입니다.

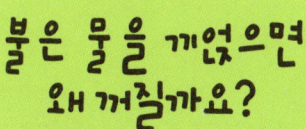

  불은 물을 끼얹으면 왜 꺼질까요?
  우리 주변에는 여러 가지 불의 종류가 있지요. 전깃불, 모닥불, 난롯불, 양초의 불, 반딧불 등등…….
  이 가운데에서 차가운 불은 어떤 것일까요? 바로 반딧불입니다.
  그런데, 이 반딧불에다 물을 끼얹으면 그 불이 꺼질까요? 꺼진다고요?
  천만에요, 아무리 물을 끼얹어도 반딧불은 꺼

지지 않습니다.

  물을 끼얹어서 꺼지는 것은 뜨거운 불뿐입니다.

  모닥불이나 난로의 불은 물을 끼얹으면, '치직' 하고 불이 꺼지지요.

  뜨거운 불은 차가운 물이 싫은 모양입니다.

뜨거운 불은 뜨겁지 않으면 탈 수 없습니다. 꼭 그럴까요?

그럼, 이번에는 불이 켜진 작은 양초에 컵을 덮어씌우면 어떻게 될까요? 불은 당장 꺼져 버리겠지요. 이 때, 컵은 불에 닿지 않았으므로 불을 차갑게 한 것은 아닙니다. 그러고 보면, 불은 차갑게 하지 않아도 꺼진다는 사실을 알았습니다.

그렇다면 어째서 촛불이 꺼졌을까요? 자, 한 번 연구해 봅시다.

불이 타기 위해서는 공기 안에 있는 산소가 필요합니다. 끊임없이 새로운 공기가

새로운 산소를 가져다 주지 않으면, 불은 계속해서 탈 수가 없습니다.

그런데, 컵은 새로운 공기가 촛불 근처에 오는 것을 막아 버렸습니다. 다시 말하면, 새로운 공기가 공급되지 않으면 촛불은 탈 수가 없습니다.

처음에 있던 컵 속 공기의 산소는 곧 없어져 버리기 때문입니다.

물을 끼얹어서 불이 꺼지는 까닭은 이 정도의

지식을 가지고 있어야 알 수 있습니다.

즉, 불을 차갑게 하는 것과 새로운 공기가 오지 못하게 하는 두 가지입니다.

모닥불이나 난롯불에 물을 끼얹으면 불은 차가워집니다. 그 때, 불에 끼얹은 물은 수증기가 됩니다.

물을 끼얹었을 때 '치직' 하는 소리는 증기가 갑자기 생기는 소리입니다.

이 증기는 불 주위의 공기를 쫓아 버립니다. 그래서 새로운 공기를 가까이 오지 못하게 합니다.

불에 물을 끼얹으면, 불은 차가워질 뿐만 아니라 공기의 공급도 막습니다. 그러니까 불이 꺼지는 것입니다.

불을 끄는 데는 물보다 더 편리한 것은 없습니다.

우리 몸의 수수께끼

햇볕에 타면 왜 몸이 검어질까요?

 햇볕에 타면 왜 몸이 검어질까요?
 여름 방학 때 해수욕장에 가서 몸을 태워 본 적이 있습니까?
 보통 우리 주변에서 내리쬐는 햇볕보다 해수욕장의 햇볕이 훨씬 더 자외선이 강합니다. 왜냐 하면, 공기 중에 떠 있는 도시의 오염된 공기는 햇볕을 많이 막아 주기 때문입니다.
 그래서, 바닷가의 해수욕장에서는 몸이 금방 빨갛게 되어 버립니다. 날씨가 좋은 여름철에 해수욕을 하면, 얼굴은 물론 온몸이 햇볕에 벌겋게 타서 따끔따끔합니다.

너무 지나치게 태우면, 밤에 잠잘 때 등이 화끈화끈하고 아파서 잠을 이룰 수가 없습니다.

햇볕에 강하게 쬐이면, 마치 불에 덴 것과 같게 되지요. 가벼운 화상을 입은 것과 똑같은 증상이 나타납니다.

오이를 잘라서 붙여 주면 열이 금방 내린다고 하니까 한번 해 보세요.

몸을 태우기 싫다면, 옷을 입고 있어야 되겠

지요. 그러나 얼굴은 어쩔 수가 없답니다. 모래에 반사된 햇볕이 얼굴에 비치기 때문에 아무리 모자를 쓰고 있어도 해수욕장에 다녀오면 검둥이가 됩니다.

그런데, 우리들의 얼굴이나 몸에는 그 옷과 같은 역할을 하는 것이 있습니다. 햇볕에 타서 검어진 피부는 이미 옷이 된 피부입니다.

매일 조금씩 햇볕에 태우면, 검은 옷이 점점

두꺼워지므로 등이 후끈후끈거리거나 쓰리거나 하는 일은 없습니다.

그러므로, 일부러 옷을 입지 않더라도 피부가 햇볕을 가려 주는 훌륭한 옷이 되어 몸을 보호해 주는 것입니다.

하지만 갑자기 한꺼번에 햇볕에 태우면, 급하게 만든 옷처럼 되는데, 그런 옷은 금방 허물이 벗겨져 버리는 등 아파서 견딜 수 없습니다.

서서히 햇볕에 태우면 허물이 잘 벗겨지지 않습니다. 검게 탄 몸은 태양으로부터 몸을 보호해 주므로 이제는 아무리 태양이 강하게 내리쬐어도 끄떡없습니다.

왜 녹차로 약을 먹으면 안 될까요?

왜 녹차로 약을 먹으면 안 될까요?

어린이들은 녹차를 그다지 좋아하지 않으니까 괜찮지만, 이것을 알고 있나요? 아빠가 모르시면 가르쳐 주세요.

녹차에는 약간 떫은 맛이 나는데 그 떫은 맛이, 우리가 몸이 아플 때 먹는 약과 같이 먹으면 좋지 않다고 합니다. 무엇 때문일까요?

우리가 먹는 약은 몸 속으로 들어가도 몸에 흡수되지 않으면 아무 소용이 없습니다. 몸에 흡수되어 피에 녹아들어 온몸을 돌아다니는 중에 효과가 나타나는 것입니다.

그러나 녹차의 떫은 맛은 약간 짓궂은 성질이 있습니다. 녹차로 약을 먹으면, 그 떫은 맛이 약을 앞질러 가서 약 성분이 몸에 흡수되는 것을 방해합니다.

쉽게 이야기하자면, 녹차의 떫은 맛은 몸 안의 약 성분을 빨아들이는 구멍을 잠시 막아 버립니다.

그 구멍은 눈으로는 물론, 현미경으로도 보이지 않을 만큼 작은 구멍이지만, 몸 안에 있는 장기의 벽 따위에 수없이 많이 있답니다.

약을 먹을 때는 아무렇게나

먹을 것이 아니라, 몸이 그것을 흡수하는 것까지 생각해야 합니다.

어린이들이 먹기 싫어하는 쓴 약을 먹을 때 어머니는 단 사탕을 주시는데, 그렇다면 단 것은 약과 무슨 관계가 있을까요?

설탕은 녹차와 반대로, 몸 안의 작은 구멍을 열어 줍니다. 그러니까 설탕물로 약을 먹으면

약의 효과가 빨리 나타납니다.

　우리 나라에서의 한약은 대체로 몹시 써서, 한약을 먹은 후에는 어머니께서 꼭 사탕을 주시는데, 이것은 쓴 맛을 없애기 위해서뿐만 아니라 약이 잘 흡수되게 하기 위한 우리 조상들의 지혜와 슬기가 아닌가 생각됩니다.

어두운 곳에 가면 처음에는 왜 잘 보이지 않을까요?

어두운 곳에 가면 처음에는 왜 잘 보이지 않을까요?

부모님들과 함께 영화관에 가 본 적이 있습니까? 영화관에 막 들어갔을 때는 캄캄해서 빈 자리가 어디에 있는지 잘 보이지 않습니다.

하지만, 어둠에 익숙해지면 차츰차츰 보이기 시작합니다. 왜 그럴까요?

밝은 한낮의 햇볕에서 놀고 있을 때 친구의 눈동자를 조사해 봅시다.

　눈동자란 눈의 한가운데에 있는 검은 부분이지요. 햇볕에서는 그 눈동자가 작아져 있을 것입니다.

　햇볕에서 눈동자가 작다는 것을 알았다면, 이번에는 친구에게 방 안 한쪽 구석의 어두컴컴한 곳으로 가도록 합시다.

　어두컴컴한 곳에서의 눈동자는 어떨까요? 햇볕에서의 눈동자보다 훨씬 크지 않습니까?

밝은 곳에서의 눈동자는 언제나 작습니다. 그런데 어두운 곳에서의 눈동자는 언제나 큽니다.

어두운 곳에 들어가면 눈동자는 금방 커집니다. 그런데도 물체가 얼른 잘 보이지 않는 것은 아직 준비가 되지 않아서입니다.

그 빛을 느끼는 작용이 완전히 이루어지면 비로소 물체가 잘 보이는 것입니다.

그 잘 보이게 하는 것을 만드는 데에는 비타민 에이(A)가 필요합니다.
5분 이상이 지나도 보이지 않는 눈은 비타민 에이가 부족한 눈으로, 야맹증이라고 합니다.
그러니까 야맹증이란, 밤이나 어둑한 저녁 또는 새벽 무렵에는 시력이 크게 떨어져 사물이 잘 보이지 않게 되는 증상을 말합니다.
야맹증이 있는 사람은 밤에 집에 오다가 곧잘 넘어져서 자주 무릎을 다칩니다.

사람은 왜 눈을 깜빡거릴까요?

사람은 왜 눈을 깜빡거릴까요?

우리 사람들은 눈을 자주 깜빡거립니다.

꼭 눈을 깜빡이지 않아도 갑자기 눈앞에 무엇이 달려들거나 먼지 같은 것이 들어올 때는 자신도 모르게 눈을 감게 됩니다.

눈을 감지 않으면 눈알을 다치게 되기 때문입니다. 그러나 아무 일이 없어도 저절로 눈이 깜빡이게 되는데, 왜 그렇게 될까요?

눈을 한번 관찰해 봅시다.

친구의 눈동자를 자세히 들여다보세요. 눈동자가 물기에 젖어 있는 것처럼 촉촉하게 젖어 있는 것을 알 수 있습니다.

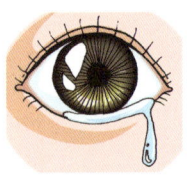

우리들의 눈은 울지 않을 때에도 눈물에 젖어 있습니다. 하지만 보통때는 눈물이 나오지 않으니까, 울지 않을 때는 눈알이 말라 버리게 됩니다.

그러나 눈알이 말라 버리면 눈이 쓰리고 아픕

니다. 아프지 않게 하려면 눈알이 젖어 있어야 하는데, 그러려면 눈을 깜빡거려야 합니다.

눈을 깜빡거린다는 것은, 곧 젖은 눈꺼풀로 눈을 닦는 행동입니다. 쉴 새 없이 눈을 깜빡거리고 있으니까, 우리들의 눈은 언제나 젖어 있는 것입니다.

눈동자가 마르면 눈만 아픈 것이 아닙니다. 먼지가 날아와 묻어도 묻은 채 그대로 있게 됩니다. 또, 매끄럽지가 않아서 눈동자를 움직일

때 꺼칠꺼칠해서 몹시 불쾌할 것입니다.

 물고기의 눈동자는 어떨까요? 물고기는 눈알을 깜빡거리지 않는답니다. 물고기는 늘 물 속에 있으니까, 눈을 깜빡거리지 않아도 괜찮습니다.

 개구리나 닭이 눈을 깜빡이는 것도 우리 사람과 똑같은 이유에서입니다.

 하지만, 눈을 너무 자주 깜빡이는 것은 혹시 눈병일지도 모르니까 안과 병원에 가 보세요.

술을 마시면 왜 취할까요?

술을 마시면 왜 취할까요?

아버지께서 오늘도 술을 마셨나 봅니다. 기분이 좋은지 큰 소리로 노래를 부르고 들어오십니다.

어제는 친구분께서 아버지를 업고 오셨습니다. 술을 마시면 왜 그렇게 될까요?

술을 마시면 대개의 사람은 처음에는 얼굴이 붉어집니다. 조금 더 마시면, 기분좋게 떠들거나 화를 내거나 심지어는 울거나 하는 등, 보통

때와는 아주 달라집니다.

거기에다 더 많이 마시면, 말하는 것이 이상해집니다. 그뿐만 아니라 혼자서는 일어나지도 못하게 됩니다.

그보다도 더 많이 마시면 어디라도 상관하지 않고 드러누워, 정신없이 잠들어 버립니다.

술에 약한 사람은 그다지 많이 마시지 않아도 많이 마신 사람처럼 취합니다. 왜 그럴까요?

술이 몸 안으로 들어갔다고 해서 곧바로 취하는 것은 아닙니다. 취하는 것은 마신 술이 피에 섞여서 온몸에 돌기 시작하면서부터입니다.

　술이 센 사람은 마신 술이 피에 섞이는 양이 적고, 술이 약한 사람은 피에 섞이는 양이 많습니다. 그러므로 조금만 마셔도 금방 취해 버립니다.

　술이 조금만 피에 섞이더라도 얼굴 부위에 있는 혈관이 굵어집니다. 그래서 얼굴에 많은 피가 흐르므로 얼굴이 붉어지는 것입니다.

　술이 조금 더 많이 피에 섞이면, 머리의 기능이 정상을 잃게 됩니다.

　보통 때라면 해서는 안 된다고 생각하여 자신을 억제하던 일을 억제하지 못하게 됩니다.
　그래서 싸움을 하거나 화를 내거나 울거나 하는 것입니다. 술 힘으로 보통 때에는 하지 않던 행동도 태연하게 해 버립니다.
　술이 더 많이 피에 섞이면 머리의 기능이 마비되다시피합니다. 그래서 말하는 것이 이상해지는 것이지요.
　그리고 몸을 마음대로 움직일 수가 없게 됩니다. 그래서 무엇인가에 의지하지 않으면 일어

설 수 없게 됩니다.

 술이 그보다 더욱 많이 섞이면, 머리의 기능이 완전히 마비되고 맙니다. 그래서 아무 곳에나 푹 고꾸라져서, 그대로 잠들어 버리는 것입니다.

 술에 섞여서 이러한 장난을 치는 것은 알코올입니다.

 그런데, 간혹 술을 마시면 얼굴이 새파랗게 되는 사람도 있습니다.

 이러한 사람들은 알코올이 피 속으로 들어가면, 얼굴의 피부 혈관이 가늘어져서 혈액 순환이 나빠지는 사람입니다.

 그런 사람은 술을 마시면 얼굴이 붉어지는 사람과는 체질이 다르기 때문입니다.

> 무서우면 왜 얼굴이 파랗게 될까요?

무서우면 왜 얼굴이 파랗게 될까요?
 술이 약한 어머니는 맥주 한 잔만 마셔도 얼굴이 붉어집니다. 그러다가 많이 마시면 얼굴이 파래집니다.
 그러나 술을 마시지 않아도 얼굴이 빨개지거나 파래지기도 합니다. 무슨 이유 때문일까요?
 우리들의 얼굴은 부끄러우면 빨개지고, 무서우면 파랗게 됩니다.
 얼굴색은 어째서 이렇게 변하는 것일까요?

　피의 색깔은 빨갛습니다. 그러므로 얼굴 피부에 피가 많이 흐르고 있으면, 피의 색깔이 내비치어 얼굴이 붉어지는 것입니다.

　반대로 얼굴 피부에 피가 조금밖에 흐르지 않으면 핏기가 없어져서 붉은 기가 없는 얼굴이 됩니다.

　무서울 때는, 얼굴이 피부에서 피가 없어지는 것입니다. 화를 냈을 때나 추울 때에도 역시 얼굴에 핏기가 없어집니다.

몹시 추울 때, 얼굴빛이 보라색이 되는경우가 있습니다. 그럴 때에는 얼굴의 피부 혈액이 잘 흐르지 않기 때문입니다.

그래서 얼굴이 파랗게 보이는 것입니다.

> 피는 왜 짠 맛이 날까요?

 피는 왜 짠 맛이 날까요?
 부엌에서 요리를 하시던 어머니가 칼에 손을 베었습니다. 흘린 피를 입으로 닦아 내셨는데, 좀 짠 맛이 난다고 하십니다. 왜 짠 맛이 날까요?
 어머니가 만들어 주신 음식이 짠 것은 소금을 너무 많이 넣었기 때문입니다. 바닷물이 짠 것도 바로 이 소금 때문입니다.
 우리들의 피가 짠 것도 소금 때문입니다. 피

가 짠 것은 우리 사람만은 아닙니다. 모든 동물의 피가 짭니다.

그렇다면 피 속에 왜 소금기가 들어가 있는 것일까요?

옛날에는 지금처럼 소금을 쉽게 구할 수가 없었기 때문에 소금이 금보다 더 귀하고 비싼 적

이 있었습니다.

그것은 소금이 사람의 몸에 꼭 필요한 성분이고 염분(소금기)이 없으면 몸이나 머리가 제대로 기능을 하지 못하기 때문입니다.

그러므로, 많은 땀을 흘린 뒤에 염분을 섭취하지 않으면 체력이 떨어집니다. 피 속의 염분이 땀과 함께 빠져 나가 버리기 때문입니다.

피 속의 염분을 분석해 보면, 바닷물의 3분 1 정도입니다. 왜 그렇게 되었을까요?

지구상에 처음으로 동물이 생겼을 때, 그 동물은 바다에 살고 있었습니다. 그것이 자꾸만 변화하여 육지에서 사는 동물이 되었습니다. 그리고 그것이 다시 변화하여 인간이 된 것입니다.

 그런 까닭으로, 육지에 사는 동물도 본래는 바다에 살고 있었으므로 짠 맛의 피를 가지고 있는 것이라고 합니다.

충치는 어떻게 해서 생길까요?

충치는 어떻게 해서 생길까요?
우리가 좋아하는 불고기와 같은 음식물을 먹을 때 이빨이 없으면 맛있게 먹을 수가 없습니다. 우리들의 이빨은 아주 단단하고 튼튼합니다.
그렇게 돌처럼 단단한 것이 구멍이 뻥 뚫리고 충치가 된다니 정말 이상하지요?
여러분의 이는 벌써 몇 개 빠져 있겠지요?
빠진 이는 언제까지 내버려 두어도 충치가 되

지 않습니다. 왜냐고요?

이빨에는 음식을 먹은 뒤에 찌꺼기가 끼이게 되는데, 이것을 가만 놓아 두면 충치가 되는 것입니다. 왜 충치가 생기는지 알겠지요?

이빨은 웬만큼 딱딱한 것을 씹어도 구멍이 뚫리는 일은 없습니다. 구멍이 뚫리는 것은 이가 녹을 때입니다.

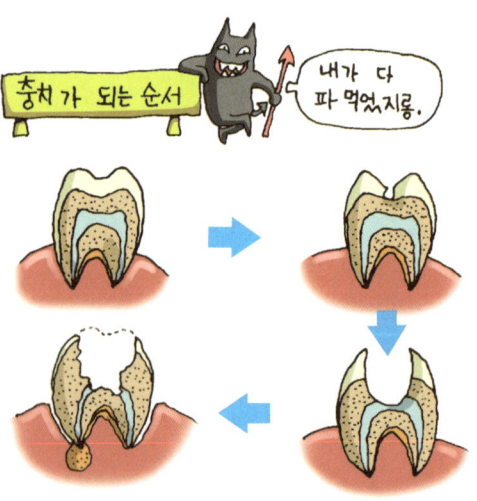

 여러분은 달콤한 과자를 좋아하지요? 과자 따위의 단 음식이 이 사이에 끼여 있으면 그 안의 당분(단 성분)이 식초와 같은 신 맛이 나는 산성으로 바뀝니다.

 이것은 입 안에 있는 세균의 작용입니다.

 산성에는 이를 녹이는 작용이 있습니다. 그래서 당분이 산성으로 바뀌면, 이를 녹이려 하게 됩니다.

　여러분은 매일 이를 닦습니까? 하루에 세 번은 이를 닦아야 하지만 그렇지 못하면 자기 전에는 꼭 이를 닦아야 합니다.

　하루 정도라면 괜찮지만 여러 날 동안 산성이 생겨서 쌓이면 큰일입니다. 아무리 튼튼한 이빨이라도 쉽게 녹기 시작합니다. 그래서 충치가 생기는 것입니다.

한쪽 눈으로는 왜 바늘에 실을 꿰지 못할까요?

한쪽 눈으로는 왜 바늘에 실을 꿰지 못할까요?

시험삼아 한쪽 눈을 감고 바늘 구멍에 실을 꿰어 봅시다. 좀처럼 잘 꿰어지지 않지요? 왜 그럴까요?

자, 그럼 오른손을 펴서 양쪽 눈 사이에 대 봅시다. 그리고는 오른쪽 눈을 감으세요.

왼쪽 눈에 보이는 것은 손바닥입니까, 손등입니까?

이번에는 왼쪽 눈을 감읍시다. 손등이 보입니까, 손바닥이 보입니까?

 오른쪽 눈을 감으면 손바닥이 보이고, 반대로 왼쪽 눈을 감으면 손등이 보일 것입니다.

 오른쪽 눈으로 보는 것과 왼쪽 눈으로 보는 것은 다릅니다.

 어떤 것을 볼 때에도 모두 이와 똑같습니다. 오른쪽 눈으로 본 것과 왼쪽 눈으로 본 것은 어

딘가가 다릅니다.

 그런데, 두 눈으로 보면 형태를 잘 알아볼 수 있도록 되어 있습니다.

 바늘에 실을 꿸 때도 두 눈으로 보면 바늘눈이 있는 곳을 잘 알 수 있습니다.

 한쪽 눈으로 보면, 바늘과 실 어느 쪽이 앞에 있는지 잘 모르므로 몇 번이고 다시 해도 헛손질만 할 뿐, 잘 꿰어지지 않는 것입니다.

 우리가 바늘 구멍에 실을 꿸 수 있는 것은 두 눈이 있는 덕택인데, 바늘과 실이 멀리 있는지 가까이 있는지를 알 수 있기 때문입니다.

 우리의 두 눈으로 알 수 있는 것은, 멀고 가까운 것의 구별뿐만은 아닙니다. 물체의 모양이나 깊이·높이 따위를 보는 데에도 두 눈이 있는 편이 훨씬 좋습니다.

 그러나 우리는 한쪽 눈만으로 보아도 멀고 가까운 것이나 모양, 길이, 높이 따위를 잘 볼 수 있습니다.
 예를 들면, 영화는 한쪽 눈으로 보나 두 눈으로 보나 그다지 다르지 않습니다.
 왜냐 하면, 영화는 본래 한 개의 렌즈로 촬영한 것입니다. 이를테면, 한쪽 눈으로 찍은 것과 같은 것이기 때문입니다.

 그러므로, 영화를 한쪽 눈으로 보거나 혹은 한쪽 눈에 망원경을 대고 보면, 양쪽 눈으로 보았을 때보다도 깊이가 있어 더욱 실감나게 볼 수가 있습니다. 우리 사람의 눈은 정말 편리하게 만들어졌다고 할 수 있습니다.

기계와 도구의 수수께끼

비행기는 어떻게 날 수 있을까요?

가스를 넣은 풍선은 하늘로 날아오릅니다. 공기보다 가볍기 때문입니다.

새도 하늘을 마음대로 날아다닙니다. 새는 움직이는 날개를 이리저리 푸드득거리며, 어디든지 갈 수가 있습니다.

비행기도 새처럼 하늘을 쌩쌩거리며 날아 다닙니다.

공기보다 무거운 비행기는 어떻게 떨어지지

않고 하늘을 날 수 있을까요?

　비행기는 풍선보다 새 쪽에 더 가깝기 때문에, 비행기를 처음으로 만들어 낸 사람은 새 흉내를 내 보았습니다.

　그 사람은 비둘기나 참새처럼 날개를 푸드덕거리며 날아 보려고 했습니다. 그래서 커다란 날개를 만들었습니다.

　하지만 사람의 팔 힘만으로는 사람의 무거운 몸무게를 이겨내지 못했습니다.

　결론은 도저히 새의 흉내를 내어서는 날 수가

없었다는 것입니다.

 그래서 다음에, 사람은 새 종류인 솔개나 갈매기처럼 날개를 푸드덕거리지 않고 날아 보려고 했습니다.

 이번에는 사람은 그냥 날개에 매달려 있으면 되었습니다. 글라이더 같은 것이었지요.

 현재의 비행기는 글라이드에다 프로펠러를 돌리는 엔진이나 제트 엔진을 달아서 빨리 날도록 만든 것입니다.

 그러면 솔개나 갈매기가 날갯짓을 하지 않아도 떨어지지 않고, 미끄러지듯이 하늘을 날 수 있는 것은 어째서일까요?

 그것은 날개 아래쪽에 공기가 부딪쳐서 날개를 떠받쳐 주기 때문입니다. 비행기도 그와 마

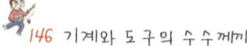

찬가지입니다.

여러분은 비행기의 날개를 자세히 관찰해 본 적이 있습니까? 날개는 뒤쪽에 약간 비스듬히 붙어 있지요. 비행기가 앞으로 나아가는 데 공기가 잘 부딪쳐서 뜨도록 한 것입니다.

연을 날려 보면 약간 기울어져서 하늘로 날아오르지요? 그것을 좀더 기울게 한 것이 비행기의 날개라고 생각하면 됩니다.

자전거는 왜 넘어지지 않을까요?

자전거는 왜 넘어지지 않을까요?
백 원짜리 동전으로 게임을 해 본 적이 있나요? 멀리 굴리기 시합이나 오래 빙빙 돌리기 시합을 해 보면 재미있는 현상을 발견할 수 있을 것입니다.

처음에 힘이 있을 때는 잘 굴러가다가도 힘이 없으면 그만

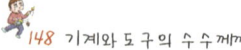

 쓰러지고 맙니다. 쓰러지지 않도록 하기 위해서는 다시 손가락으로 퉁기거나 밀어 주어야 하지요.

 동전은 마치 자전거의 바퀴처럼 돕니다. 자세히 관찰해 보면 처음에 구르기 시작할 때는 뒤뚱거리면서 넘어질 듯하다가 차츰 바로 서서 구르게 됩니다.

 구르는 힘이 강해지면 저절로 일어나는 힘이 생깁니다.

 자전거의 바퀴도 이와 마찬가지입니다.

달리는 힘을 가해 주면 바퀴는 스스로 일어나는 힘이 생깁니다. 달리는 자전거가 잘 넘어지지 않는 것은 바로 이 힘 때문입니다.
 그러나, 동전을 던질 때 힘이 없거나 잘못 던지면 잘 구르지 않게 됩니다. 자전거도 힘이 없어 천천히 달리면 넘어져 버립니다.

동전은 사람이 던질 때만 힘을 줄 수 있지만 힘이 빠지면 곧 쓰러져 버립니다.

그러나 자전거는 사람이 타고 있으면서 힘을 줄 수 있기 때문에 언제까지든지 쓰러지지 않고 달릴 수 있습니다.

처음 자전거를 배울 때에는 자전거에 힘을 주지 못하여 잘 넘어지는데, 넘어지려는 쪽으로 핸들을 틀면서 자전거에 힘을 주게 되면 쓰러지지 않게 됩니다.

성냥은 왜 불이 잘 붙을까요?

성냥은 왜 불이 잘 붙을까요?
 아주 아득한 옛날 원시 시대에는 불이 없었습니다. 인간에게 불이 없다면 짐승이나 별 차이가 없겠지요.
 그러나 인간은 산불이나 천둥 번개로 인하여 저절로 생긴 불을 이용하여 추운 겨울에는 불을 피워 따뜻하게 지내고, 음식을 익혀 먹기도 하고, 무서운 맹수로부터 몸을 보호하기도 했습니다.

어디를 가더라도 항상 불씨를 가지고 다니며 생명보다 귀하게 취급을 했습니다. 혹시라도 불을 꺼트리면 아주 큰일이 납니다.

어떻게 하면 쉽게 불을 만들 수 있을까 궁리 끝에, 머리가 좋은 인간은 스스로 불을 일으키는 방법을 생각해 내었습니다.

어떻게 해서 불을 만들었을까요?

아주 쉬운 일이라고요? 성냥이나 라이터로 불을 일으키면 된다고요? 성냥이나 라이터는 그 시절에는 없었답니다.

원시인은 나무 막대를 나무 널빤지에다 대고 송곳처럼 비볐습니다.

한참 그렇게 하면 막대와 널빤지가 마찰이 되어 점점 뜨거워집니다. 그와 함께 막대로 비벼서 생긴 구멍에는 나무의 가루가 모입니다.

그렇게 쉬지 않고 열심히 하다 보면 마침내는 나무 가루에

불이 붙습니다. 그러나 이 방법은 매우 힘이 들었겠지요.

이런 방법으로 불을 일으키게 하는 데는 시간이 많이 걸린답니다.

왜냐 하면, 나무와 나무를 맞대어 비벼대는 방법으로 하여 불이 붙는 온도로 만들기 위해서는 당연히 시간이 걸립니다.

그런데, 성냥이라면 단 한 번만 성냥개비를 성냥갑에 쓰윽 그으면 불이 붙습니다. 불이 붙을 정도로 뜨거워지기 때문입니다.

성냥개비에 묻어 있는 약품이나 성냥갑 옆 쪽에 묻어 있는 갈색의 약품이 모두 꺼칠꺼칠하기 때문입니다. 꺼칠꺼칠한 것은 서로 비비면 곧 뜨거워집니다.

그러나 불은 꺼칠꺼칠하다고 잘 붙는 것은 아닙니다.

원시인들은 나무 가루를 사용했지요. 하지만 나무 가루는 그다지 쉽게 타지 않습니다.

 성냥개비 끝에 묻어 있는 약품에는 불이 잘 붙는 유황과 산소를 내는 염소산칼륨이라는 화학 약품이 들어 있습니다.
 그러므로 성냥개비의 약품은 불 가까이 가져가기만 해도 불이 '확' 하고 일어나는 것입니다. 하지만 이것만으로도 성냥이 그렇게 쉽게 불붙을 수는 없습니다.

성냥에는 또 한 가지의 중요한 장치가 되어 있습니다.

그것은 성냥갑의 약품 종이에 적린(붉은 인)이라는 약품이 섞여 있어, 그 붉은 인이 성냥개비에 묻어 있는 염소산칼륨이라는 화학 약품에 스치면 곧바로 불을 일으킵니다.

성냥을 살짝 긋기만 하면 쉽게 불을 일으키게 하기 위해서는 이처럼 여러 가지 연구가 되어 있는 것입니다.

그러니까 성냥개비에 묻어 있는 약품과 성냥갑에 묻어 있는 약품이 서로 스치면서 살짝 그어지기만 해도 불이 일어나는 거지요.

원자 폭탄, 수소 폭탄은 무엇일까요?

원자 폭탄, 수소 폭탄은 무엇일까요?

이 세상에서 가장 무서운 폭탄은 무엇일까요? 바로 원자 폭탄과 수소 폭탄입니다. 수소 폭탄이 더 엄청난 힘을 가지고 있다고 합니다.

그러나, 원자 폭탄 이름만 많이 나오니까 수소 폭탄의 이름은 생소할 것입니다.

원자 폭탄과 수소 폭탄을 합쳐서 보통 원수폭이라고 말하지만, 원자 폭탄과 수소 폭탄은 전혀 다릅니다.

원자 폭탄의 정체는 우라늄이라는 광석입니다. 우라늄이란 방사선을 많이 내는 물체로, 이 우라늄이 많이 모이면 저절로 폭발합니다.

옛날, 제2차 세계 대전이라는 큰 전쟁이 일어났을 때 미국은 일본을 쳐부수기 위해 일본의 히로시마에 원자 폭탄을 처음으로 사용하였습니다.

이 때는 우라늄을 두 덩어리로 나누어 가지고 와서, 그것을 히로시마 하늘 위에서 합쳐 떨어

뜨린 것입니다.

 이 폭발로 인하여 일본 사람 수만 명이 죽거나 불구자가 되었습니다.

 우라늄이 폭발하면 아주 엄청난 열이 나며, 방사능 낙진이라는 죽음의 재도 내립니다.

 그럼, 수소 폭탄의 정체는 무엇일까요? 그것은 풍선 속에 넣은 수소입니다. 그 수소를 아주 높은 온도로 만들면 수소와 수소가 결합하게 되는데, 그 때 엄청난 열이 나오는 것입니다.

 원자 폭탄이나 수소 폭탄은 전쟁 때 무기로 사용하는 것으로, 우리 인간에게는 엄청난 재해를 가져다 주는 흉기가 됩니다.

하지만, 그 엄청난 힘을 다른 방면으로 연구해서 이용하면 여러 가지로 유용하게 쓰입니다.

 원자 폭탄이 되는 힘을 조금씩 끌어내어 어둠

을 밝히는 전기와 기계를 돌리는 전기를 만드는 발전소인 원자력 발전소를 만들거나, 또 배를 움직이게 할 수도 있습니다.

뿐만 아니라, 그 힘을 폭발시켜서 산을 허물거나 하는 일도 하게 됩니다.

한편, 수소 폭탄은 원자 폭탄 이상의 열과 힘이 있지만 그것을 우리들의 생활에 유용하게 쓰는 연구는 아직 성공하지 못했습니다.

하지만 언젠가는 여러분의 누군가의 연구에 의해서, 수소의 힘이 원자력보다 더 좋은 에너지가 될 수 있는 날이 오기를 기대합니다.

새와 짐승의 수수께끼

개나 고양이도 꿈을 꿀까요?

개나 고양이도 꿈을 꿀까요?

여러분은 무서운 꿈을 꾼 적이 있습니까? 꿈 속에서 가방을 잃어버리고 어머니께 혼난 적은 없습니까?

꿈이란, 머리에 남아 있는 기억들이 서로 연결되어서 잠자고 있는 사이에 사실처럼 나타나는 것입니다.

그래도 가방을 잃어버리지도 않았는데 그런 꿈을 꾼다는 것은 이상한 일이지요?

우리들이 가끔, '가방을 잃어버리면 어떻게 하나?' '공동 묘지에 귀신이 있다는데……!' 하는 생각으로 걱정을 하게 되는데, 그것이 머리에 남아 있어, 귀신을 만나거나 학교에서 가방을 잃어버리는 꿈을 꾸게 됩니다.

 그리고, 우리가 점점 자라서 여러 가지의 것들을 보거나 듣거나 하여 기억에 남아 있던 것이 꿈이 된다고도 합니다.

 개나 고양이에게도 머리는 있습니다.

 그 머리에도 무엇인가가 남아 있겠지요. 그렇다면 꿈을 꾸는 것도 이상한 일이 아니지요.

개가 엎드려 잠을 자면서 몸을 꿈틀거리거나 눈알이 움직이는 것은 아마도 친구들과 재미있게 놀고 있는 꿈을 꾸고 있는지도 모릅니다.

꿈을 꾸는 머리는 지능이 높은 머리입니다. 영리하다는 뜻입니다.

짐승은 꿈을 꾸지만 새들은 꿈을 꾸지 않는다고 합니다.

고양이의 수염을 자르면 쥐를 못 잡을까요?

고양이의 수염을 자르면 쥐를 못 잡을까요?

여러분은 고양이의 수염을 자르는 장난을 하면 안 됩니다. 수염이 잘린 고양이는 앞을 못 보는 장애인과 마찬가지입니다.

고양이 얼굴에는 굵고 긴 수염이 빳빳하게 많이 나 있습니다.

그 수염은 깜깜한 곳에서 구멍이나 물건 틈 사이를 몸이 빠져나갈 수 있는지

없는지를 알아 내는 데 꼭 필요한 것입니다.

만약 그 중요한 역할을 하는 수염이 없다면 고양이는 어두운 곳을 마음대로 다닐 수가 없으므로 당연히 쥐를 잡지 못할 것입니다.

고양이도 아주 캄캄한 곳에서는 사람과 마찬가지로 앞을 볼 수가 없답니다.

캄캄한 곳에 장애물이 있는지를 알려면 손으로 더듬어 보면서 앞으로 나아가야 합니다.

마찬가지로 고양이의 수염은 사람의 손처럼 중요한 것입니다.

낙타는 왜 등에 혹이 있을까요?

낙타는 왜 등에 혹이 있을까요?

내가 가장 귀여워하는 강아지 뽀삐가 어디가 아픈지 밥을 먹지 못합니다. 점점 몸이 말라 가고 눈과 볼이 움푹 들어갑니다. 혹시 죽지는 않을까 겁이 납니다.

동물 병원에 데리고 갔더니 감기에 심하게 걸렸다고 합니다. 그러나 이제 곧 밥을 잘 먹게 될 거라고 하니까 안심이 됩니다.

강아지처럼, 사람이나 모든 동물들은 밥을 잘

먹어야 합니다.

　우리가 먹는 밥은 피와 살이 됩니다. 피와 살이 되고 남은 것은 피부 밑이나 배 안이나 뼈 속에 마치 저금하는 것처럼 모아 둡니다.

　하지만 몸 안에 하는 저금은 밥이 아니고, 지방질 따위의 영양분입니다.

　병에 걸리거나 해서 음식을 먹지 못하게 되면

우리들은 몸 안에 저축해 두었던 것으로 살아나갑니다. 그러니까 피부 밑의 지방질이 줄어들어 여위어지는 것입니다.

우리 동물들이 하는 저축은 주로 피부 밑에 했었지요. 그런데 낙타는 다릅니다.

낙타는 등에 큼직한 저금통을 가지고 있어서 아주 많은 저축을 할 수 있습니다.

그것이 낙타의 혹입니다. 그러니까 낙타는 먹이를 먹지 않아도 살이 빠지지 않고 다만 등에 있는 저금통이 줄어들 뿐입니다. 낙타의 저축도 주로 지방질의 영양분입니다.

낙타는 대개 사막 지대에 살고 있습니다. 그래서 먹이가 떨어지는 경우가 흔히 있습니다.

낙타의 몸은 그런 생활에 적응할 수 있도록 큼직한 혹이 준비되어 있는 것입니다.

그리고 낙타의 배 속에는 물을 저장해 두는 주머니가 있습니다. 그 안에는 10리터의 이상의 물이 들어 있다고 합니다.

쌍봉 낙타

단봉 낙타

 그래서 낙타는 물 한 모금, 풀 한 줌 먹지 않고도 일주일 정도는 끄떡없이 살 수 있는 것입니다.
 낙타는 혹이 하나 있는 단봉 낙타와 혹이 둘인 쌍봉 낙타가 있습니다.
 쌍봉 낙타는 저금통이 둘이 있어서 단봉 낙타보다는 더 오랫동안 먹지 않고 살 수 있겠지요.

올빼미는 어떻게 밤에도 잘 볼까요?

올빼미는 어떻게 밤에도 잘 볼까요?

우리 사람의 눈에는 밝을 때 물체를 보는 기능과, 어둑어둑할 때에 물체를 보는 두 가지 기능이 있습니다.

해가 져서 주위가 어둑어둑할 때는, 우리는 어두울 때 보는 눈의 기능을 이용하여 사물을 봅니다.

어두울 때 보는 눈의 기능으로는 색의 구별이나 사물의 모양이 확실하게 잘 보이지 않게 됩니다. 그래서 저녁때의 경치가 낮의 경치와 다르게 보이는 것입니다.

어두울 때 보는 눈의 기능이 약하게 되면 앞을 전혀 보지 못하는 장님처럼 되고 맙니다. 이것을 바로 야맹증이라고 합니다.

보통 새들은 밝을 때 보는 눈의 기능만 있기 때문에 해가 지면 전혀 앞을 보지 못합니다.

대부분의 새가 밤에 앞을 못 보는 야맹증이지만 부엉이나 올빼미는 다릅니다.

 어두울 때 보는 눈의 기능은 발달하였지만, 밝을 때 보는 눈의 기능이 없습니다.
 그래서 올빼미나 부엉이는 낮에는 잠을 자다가 해가 지고 어두워지면 활동하기 시작합니다. 박쥐의 눈도 마찬가지입니다.
 저녁때, 어두워졌을 무렵의 경치는 낮과는 아주 다릅니다.
 어두울 때의 경치는, 온 사방이 회색이나 검

은색으로 변하여 주위가 잘 보이지 않습니다.
 야맹증에 걸리면 밤에는 전혀 볼 수 없게 된답니다. 우리 사람도 비타민 에이(A)가 부족하면 야맹증에 걸리게 됩니다.
 올빼미의 눈을 잘 연구하면 사람도 밤에 잘 볼 수 있게 되지 않을까요?

고양이의 눈은 왜 빛날까요?

고양이의 눈은 왜 빛날까요?

캄캄한 밤에 자동차를 타고 갈 때 보면 자동차의 불빛에 반사되어 '번쩍' 하고 빛나는 물체를 본 적이 있겠지요? 그것은 무엇일까요?

그것은 밤에 자동차의 안전을 위하여 위험한 곳에 설치해 놓은 야광 반사 표지판입니다. 그런 표지판에 자동차의 헤드라이트 빛이 반사되어 번쩍이는 것입니다.

그러나 그 야광 반사 표지판은 혼자서는 빛을

내지 못합니다. 한번 실험해 보세요, 사실입니다. 빛이 전혀 없을 때는 보이지 않지요.

고양이의 눈이 빛나는 것도 이와 비슷한 원리입니다.

고양이의 눈도 마찬가지로 아주 캄캄한 곳에서는 전혀 빛나지 않습니다.

고양이의 눈은 약간 빛이 있는 어둑어둑한 곳에서 빛납니다.

고양이의 눈은 빛이 조금만 있어도 그것을 모아서 반사시켜 빛을 내는 것입니다.

고양이의 눈을 조사해 보면, 도로의 야광 반사 표지판처럼 빛을 반사하는 거울과 같은 것이 있습니다. 그래서 빛을 반사해서 빛나는 것이지요.

 깊은 산 속에서 고양이과의 동물인 살쾡이나 스라소니, 표범, 호랑이(우리 나라에는 호랑이가 없습니다. 아주 옛날에는 있었는데, 지금은 모두 멸종했다고 합니다) 등을 만나면 반짝이는 눈 때문에 등골이 오싹할 때가 있는데, 이것도 후레쉬 같은 것을

비추었을 때 흘끗 지나가던 동물들의 눈에 우연히 반사되어 나타낼 때도 있답니다.
 너무 무서워하지 마세요. 동물들은 사람이 무서워 도망가는 것이니까요.
 하지만 캄캄한 곳에서 고양이의 번쩍이는 듯한 빛나는 눈을 보면 정말 으스스하겠지요.

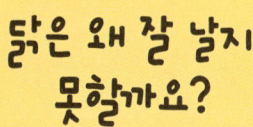

닭은 왜 잘 날지 못할까요?

 닭은 왜 잘 날지 못할까요?
 닭도 새의 한 종류인데 왜 잘 날지 못할까요?
 이와 비슷한 질문으로, 타조는 왜 날지 못할까요? 타조는 몸이 무거워서 전혀 날 수가 없습니다.
 그 대신 달리기를 아주 잘 한답니다. 그 때문에 말 대신 사람이 타고 다니기도 합니다.
 닭도 날 수는 있지요. 개가 잡으러 오면 발로 뛰어서 도망가다가 잡힐 지경이 되면 날개를

펄럭여서 담 위나 지붕으로 날아 도망을 가서는 개를 놀리고 있는 것을 종종 볼 수 있지요.

'닭 쫓던 개 지붕 쳐다본다'는 속담도 여기에서 나왔답니다.

원래 닭은 사람이 데려다 기르기 전에는 숲에서 살던 새였습니다. 인도 지방에는 아직도 숲에서 사는 야생 닭이 있습니다.

야생 닭이 사람에게 길러지게 된 것은 아마도 나는 것이 서툴렀기 때문인 것 같습니다.

닭이 사람과 같이 살게 된 뒤부터는 하늘을

나는 것이 더욱 서툴러졌습니다.

  사람이 보살펴 주니까 다른 동물에게 잡아먹힐 염려도 없어졌습니다. 그러니까 날아서 도망칠 필요가 없게 된 것이지요.

  야생 닭을 사람이 기르기 시작한 것은 지금으로부터 약 5,000년 전쯤이라고 합니다.

  그 외에, 오리도 닭과 같은 방법으로 사람과 같이 살게 되었답니다.

앵무새는 어떻게 사람 목소리를 흉내 낼 수 있을까요?

앵무새는 어떻게 사람 목소리를 흉내낼 수 있을까요?

"나는 천재다!"

앵무새가 카랑카랑한 목소리로 떠드는 것을 보면 사람 목소리와 똑같습니다.

하지만 앵무새는 '나는 천재다!' 라는 말을 하고 싶어서 하는 것은 아닙니다.

앵무새는 사람이 한 말을 흉내내어 그대로 말한 것뿐입니다.

이처럼 사람의 말을 흉내내는 앵무새 같은 동물이나, 개처럼 사람의 말을 알아듣고 행동하는 동물도 말의 뜻을 정확하게 아는 것은 아닙니다.

간단한 말이라면 동물도 알아듣겠지, 하는 생각은 잘못입니다.

아무리 간단한 말이라도 사람의 말을 알아들을 수 있는 것은 사람뿐입니다.

앵무새는, 소리를 내는 기관인 성대가 사람과 비슷해서 흉내를 잘 낼 뿐 아니라 청각이 매우 잘 발달되어 있기 때문에 사람과 비슷한 목소리를 낼 수 있습니다.

꽃과 나무의
수수께끼

설탕은 어디서 날까요?
설탕과 같은 단맛이 나는 것은 우리 주위에 여러 가지가 있습니다. 예를 들면 배, 포도, 수박, 감, 고구마, 파인애플 등등…… 모두 다 식물입니다.

그러나 그 정도의 단맛으로는 설탕을 많이 만들 수가 없습니다. 그렇다면 식물 중에서 가장 단맛이 나는 것은 무엇일까요? 그것은 바로 사탕수수와 사탕무입니다.

사탕수수

사탕수수는 대나무처럼 굵고 기다란 줄기가 있는 식물입니다. 또 사탕무는 보통 무처럼 굵은 뿌리를 가지고 있습니다.

그 줄기나 뿌리에 달콤한 즙이 가득 차 있으므로 그 즙을 짜서 끓이면 설탕이 됩니다.

우리 나라에서는 사탕수수와 사탕무를 키울 수가 없습니다. 왜냐 하면 사탕수수는 더운 나라가 아니면 자라지 않습니다

사탕무

반대로 사탕무는 추운 나라에서만 자랍니다. 때문에 우리 나라는 기후 조건이 그것들을 재배하기에 적당하지 않아 많은 달러를 주고 외국에서 설탕을 사들이고 있답니다.

석탄은 어떻게 만들어졌을까요?

 석탄은 어떻게 만들어졌을까요?
 오래된 나무나 풀은 그냥 내버려 두면 썩어 버립니다. 그러나 세균의 작용으로 인하여 썩는 방법이 달라져서, 나무나 풀이 본래의 모습으로 남아 있는 경우도 있습니다.
 이렇게 해서 나무나 풀이 단단한 숯처럼 된 것이 바로 석탄입니다.
 나무가 어떻게 해서 석탄이 되었을까요? 한 번 생각해 봅시다.

 그것은 나무가 늪 속에 쓰러져서 물에 잠기고, 그 위에 흙이 쌓이면서 특이한 방법으로 썩었기 때문입니다.
 하지만 나무가 석탄이 되기까지에는 몇백만 년, 몇억 년이라는 까마득한 오랜 세월이 흘렀답니다.
 석탄이 많이 있는 석탄 광산은 아득한 옛날에 나무가 많이 우거져 있던 곳이라고 생각하면 됩니다.

  지금 우리가 살고 있는 세계에서는 찾아볼 수 없을 만큼 매우 크고, 그 곳이 마치 아프리카의 정글처럼 나무가 엄청나게 많이 우거져 있었을 것입니다.

그 나무들이 많이 쌓여, 몇십 미터나 몇백 미터의 두께가 되는 석탄층이 생긴 것입니다.
 그러므로, 석탄이 만들어진 곳은 아프리카 같은 열대 지방처럼 일년 내내 따뜻한 지방이었을 것이라고 생각해 볼 수 있습니다.

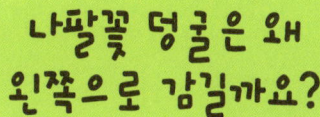

나팔꽃 덩굴은 왜 왼쪽으로 감길까요?

무궁화의 꽃잎은 왜 다섯 장일까요? 나팔꽃과 붓꽃의 꽃잎은 왜 트럼펫의 관처럼 붙어 있을까요?

무궁화나 벗꽃, 나팔꽃은 모두 씨에서 돋아납니다. 그 씨 속에 꽃잎의 수, 꽃잎의 모양이나 덩굴이 감기는 방식의 약속이 모두 간직되어 있습니다.

그러므로, 약속이 바뀌지 않으면 언제까지나

변하지 않고 똑같이 그대로 계속
됩니다.

그런 까닭으로 올해의
나팔꽃도 내년의 나팔
꽃도, 내후년의 나팔
꽃도, 언제나 덩굴
이 감기는 방향
은 왼쪽으로
정해져 있
습니다.

왼쪽

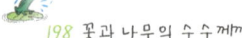

 만일, 맨 처음에 나팔꽃 덩굴이 오른쪽으로 감기도록 약속이 되어 있었다면, 언제까지나 오른쪽으로 감겼을 것입니다.
 사과나무의 가지에는 사과가 열리고, 복숭아나무의 가지에는 복숭아가 열리는 것도 모두 몸 안의 약속으로 정해져 있는 일입니다.
 생물의 생명이란 정말로 신비하지요?

곤충과 물고기의 수수께끼

올챙이의 꼬리는 어디로 갔을까요?

올챙이의 꼬리는 어디로 갔을까요?

알에서 방금 깬 올챙이는 긴 꼬리를 흔들며 헤엄칩니다.

그런데, 발이 나오고 땅 위로 올라갈 무렵에는 꼬리가 아주 짧아집니다. 그리고 어른 개구리가 되었을 때는 꼬리가 어디로 갔는지 보이지 않습니다.

올챙이가 개구리가 되어 땅 위로 올라간 뒤에 연못 안을 찾아보아도 꼬리는 어디에도 떨어져

있지 않습니다.

그렇다면 올챙이의 꼬리는 과연 어디로 갔을까요?

알기 쉽게 말하자면 올챙이의 꼬리는 올챙이가 먹어 버린 것입니다.

하지만, 그것은 음식을 먹듯이 입으로 먹은 것은 아닙니다. 올챙이의 몸뚱이가 자기 꼬리를 어느 사이엔가 삼켜 버린 것입니다.

그러니까 꼬리는 떨어져 나간 것이 아니고 오

므라든 것이지요.

　우리들 인간의 몸도 올챙이처럼 되는 경우가 있습니다.

　인간은 나이를 많이 먹어 할아버지, 할머니가

되면 거의가 머리카락이 하얗게 되지요.
 그것은 머리카락에 들어 있는 검은 색소를 몸에서 빨아들였기 때문입니다.
 올챙이가 자라서 꼬리가 없어지는 것과, 사람

이 늙으면 흰 머리가 생기는 것이 똑같은 이치라니 재미있지요?

　우리 몸에는 구석구석까지 피가 흐르고 있는데, 그 피에는 나쁜 것이나 필요 없는 것을 먹어 버리는 기능이 있습니다.

　예를 들면, 몸 안으로 병균이 들어가면 피는 그것을 먹어 버립니다.

　올챙이의 몸뚱이가 자신의 꼬리를 먹는 것도 이것과 마찬가지 이치입니다.

청개구리가 울면 정말 비가 올까요?

 청개구리가 울면 정말 비가 올까요?
 비가 올 듯하면 청개구리는 나무 밑이나 풀잎에서 개골개골 시끄럽게 울어 댑니다.
 청개구리는 왜 울까요? 청개구리는 비가 싫어서 우는 것일까요? 아니면 비가 좋아서 우는 것일까요?
 청개구리는 날씨가 좋은 날 햇볕 아래 오랫동안 있으면 죽어 버립니다. 햇볕에 말라 죽게 되지요.

비가 오는 날에는 햇볕이 없습니다. 그러니까 청개구리는 아무리 오랫동안 풀잎 위에 나와 있어도 끄떡없습니다.
 그렇다면, 청개구리는 왜 갠 날씨보다 비 오는 날이 지내기 좋을까요?
 그것은 청개구리의 몸 구조를 보면 알 수 있습니다.
 청개구리는 언제나 몸이 물에 젖어 있지요.

그래서 몸이 너무 말라 버리면 수분이 적어져서 죽어 버립니다. 그래서 갠 날보다 비 오는 날을 좋아하는 것이지요.

　비가 내릴 것 같아지면, 기분이 좋아서 개굴개굴 울어 대는 것입니다. 우리들은 그것을 듣고 청개구리가 비가 온다는 것을 알려 주는 것이라고 생각하는 것이지요.

물고기의 나이를 알 수 있을까요?

　물고기의 나이를 알 수 있을까요?
　물고기는 나이를 먹어도 주름이 생기지 않습니다. 흰 머리도 나지 않습니다. 허리도 구부러지지 않습니다.
　물고기는 어릴 때도 엄마 뒤를 졸졸 따라다니지 않고, 싸움을 해도 우는 일이 없습니다.
　수족관에서 큰 금붕어를 보고 나이를 물어 본 적이 있나요? 그런데, 수족관에 있는 사람들은 금붕어의 나이를 어떻게 알 수 있을까요?

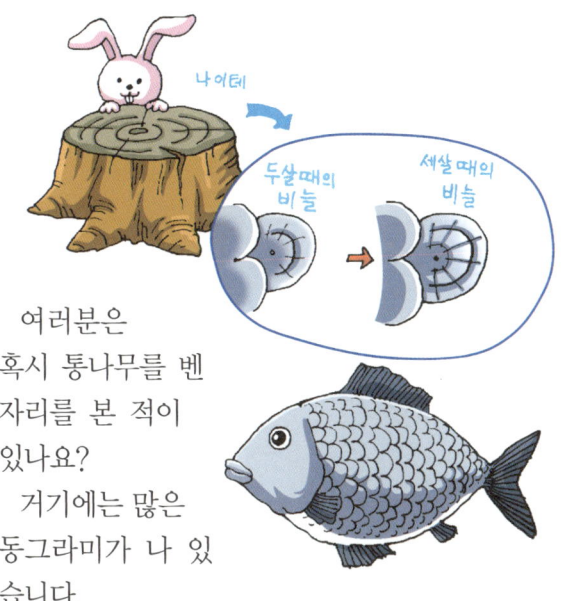

여러분은 혹시 통나무를 벤 자리를 본 적이 있나요?

거기에는 많은 동그라미가 나 있습니다.

그 동그라미의 수를 세어 보면 통나무의 나이를 알 수 있습니다. 왜냐 하면, 그 동그라미는 일 년에 하나씩 늘어나기 때문입니다.

그런데 물고기에도 이것과 비슷한 것이 있습니다. 물고기의 몸뚱이에는 비늘이 있답니다.

바로 그 비늘 하나하나에 어김없이 동그라미가 그려져 있습니다.

그 동그라미는 통나무의 벤 자리처럼 1년에 하나씩 불어납니다.

그러니까 물고기의 나이는 그 물고기를 보지 않아도 비늘 하나만 있으면 알 수 있습니다.

그러면 사람의 나이는 어떻게 알아 낼 수 있을까요?

 이빨을 보면 대강은 알 수 있다고 하지만 정확하게는 알 수 없습니다. 그 사람의 태어난 해를 알고 있는 사람이 없으면 잘 알 수 없답니다.

 어때요? 어렵다고 생각했던 물고기의 나이를 사람의 나이보다 훨씬 쉽게 알아 낼 수 있지요.

> # 가자미는
> # 왜 눈이 한쪽에
> # 붙어 있을까요?

가자미는 왜 눈이 한쪽에 붙어 있을까요?

알에서 깨어난 새끼였을 때의 가자미는 사실은 머리 양쪽에 눈이 붙어 있습니다.

그리고 몸을 세우고 헤엄칩니다.

그러나 태어나서 약 2개월쯤 되면 바다 밑바닥에 있는 모래 위에 눕습니다. 그렇게 하고 있으면, 모래에 닿는 쪽의 눈이 옮겨 가기 시작합니다.

처음에는 머리 위까지 옮겨 갑니다. 그러다가

마침내는 위쪽으로 완전히 옮겨가고 맙니다.
 가자미는 대개 왼쪽을 아래로 해서 눕습니다. 그래서 두 개의 눈이 모두 오른쪽에 붙게 됩니다. 헤엄칠 때에도 이제는 몸을 바로 세우지 않습니다.

가자미의
눈이 옮겨
가는 순서

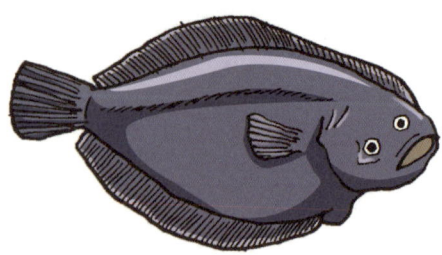

하지만 간혹 왼쪽에 두 개의 눈이 붙은 가자미도 있다고 합니다. 또한 가자미의 색깔은 한쪽은 희고 한쪽은 모래색입니다.

 그러므로 바다 밑의 바닥에 누워 있으면 잘 찾을수 없습니다. 그런데, 넙치는 가자미와는 반대로 대개는 왼쪽에 눈이 붙어 있습니다.

 왼쪽에 눈이 붙어 있는 것은 넙치이고, 그 반대의 것은 가자미라고 알아 두면 되겠지요.

 넙치의 눈이 한쪽으로 모이는 것은 가자미와 같지만, 왜 가자미와 반대쪽이 되는지는 아직 잘 모릅니다.

 여러분이 어른이 되면 알아 내어 보세요.

오징어는 왜 먹물을 뿜을까요?

오징어는 왜 먹물을 뿜을까요?

오징어는 큰 물고기의 아주 맛있는 먹이입니다. 커다란 물고기가 잡아먹으려고 쫓아오면, 오징어는 관처럼 생긴 큼직한 몸뚱이에 물을 가득 빨아들여 힘차게 내뿜고 도망칩니다.

오징어는 물고기와는 달리 지느러미나 몸통을 움직이지 않고, 오직 물만을 내뿜으면서 나아갑니다.

그 방식은 로켓과 같은 분사식이므로, 그 때

의 속도는 대단히 빠릅니다.

 하지만, 물을 내뿜으며 도망갈 때는 무척 빠르지만 물을 모두 내뿜어 버리면, 이번에는 다시 물을 빨아들이지 않으면 안 됩니다.

 그러므로 아무리 오징어가 죽을 힘을 다해 도망을 쳐도 커다란 물고기에게는 당해 내지 못합니다. 결국에는 잡아먹히게 됩니다.

 바로 이 때 오징어는 최후의 수단을 쓰게 되는데, 그것은 도망치면서 내뿜는 물에 새까만 먹물을 섞습니다.

그렇게 하면, 오징어를 뒤따르는 물고기의 눈 앞의 물은 새까맣게 되어 캄캄해져 버립니다.
이렇게 되면 아무리 사나운 물고기라도 어쩔 도리가 없습니다. 이렇게 오징어는 적의 눈을 어둡게 해서 무사히 도망칠 수 있습니다.

이처럼 약한 동물에게는 자신을 보호하는 장치를 가지고 있답니다.
어머니가 오징어를 요리할 때 옆에서 자세히 보세요. 배에서 검은 주머니가 나올 것입니다. 오징어는 그 주머니 속에 언제나 새까만 먹물을 넣어 가지고 다닌답니다.